中等职业学校教育创新规划教材
新型职业农民职业教育规划教材

经济法与民事纠纷处理

刘新民　主编

中国农业大学出版社
·北京·

内容简介

本书根据项目驱动式教学的需要，以引导学生主动学习为目的，进行体例架构设计，按照市场主体法律制度、合同法律制度、担保法律制度、市场管理法律制度、民事纠纷处理法律制度、农村常见的几种民事纠纷六个模块，重点介绍了市场主体法律制度、合同法律制度、担保法律制度、市场管理法律制度、民事纠纷处理法律制度和农村常见的几种民事纠纷等内容，涵盖了经济法与民事纠纷的主要内容。

图书在版编目(CIP)数据

经济法与民事纠纷处理/刘新民主编. —北京：中国农业大学出版社，2016.4(2020.11重印)

ISBN 978-7-5655-1553-8

Ⅰ.①经… Ⅱ.①刘… Ⅲ.①经济法-中国-高等学校-教材 ②民事纠纷-处理-中国-高等学校-教材 Ⅳ.①D922.29 ②D925.1

中国版本图书馆CIP数据核字(2016)第079813号

书　名 经济法与民事纠纷处理
作　者 刘新民　主编

策划编辑 张　蕊　张　玉　　**责任编辑** 张　蕊
封面设计 郑　川　　**责任校对** 王晓凤
出版发行 中国农业大学出版社
社　址 北京市海淀区圆明园西路2号　　**邮政编码** 100193
电　话 发行部 010-62818525，8625　　读者服务部 010-62732336
编辑部 010-62732617，2618　　出　版　部 010-62733440
网　址 http://www.cau.edu.cn/caup　　**E-mail** cbsszs@cau.edu.cn
经　销 新华书店
印　刷 涿州市星河印刷有限公司
版　次 2016年6月第1版　2020年11月第2次印刷
规　格 787×1 092　16开本　15.25印张　280千字
定　价 33.00元

中等职业学校教育及新型职业农民教育教材编审委员会名单

编审人员

主　编　刘新民　高级讲师　河北省科技工程学校

副主编　董瑞玲　讲师　南阳农业职业学院
　　　　王宝娜　副教授　河北金融学院
　　　　郑文改　高级实验师　河北省科技工程学校
　　　　冯彦玲　讲师　河北省科技工程学校

参　编　赵富军　工程师　河北省科技工程学校
　　　　张天俊　讲师　南阳农业职业学院

主　审　周　晖　曹　军　吕清华　王青立　陈肖安

前　言

积极开展与中等职业学校教育及创新新型职业农民职业教育，提高现代农业与社会主义新农村建设一线中等应用型职业人才及新型职业农民的综合素质、专业能力，是发展现代农业和建设社会主义新农村的重要举措。为贯彻落实中央的战略部署及全国职业教育工作会议精神，特根据《教育部关于"十二五"职业教育教材建设的若干意见》《中等职业学校新型职业农民培养方案（试行）》和《中等职业学校专业教学标准（试行）》等文件精神，紧紧围绕培养生产、服务、管理第一线需要的中等应用型职业人才及新型职业农民，并遵循新型职业农民职业教育的基本特点和规律，编写了《经济法与民事纠纷处理》一书。

本书是新型职业农民职业教育农业经济管理类专业公共核心课教材之一。本书内容丰富，结构合理，以行动导向的教学模式为依据，以学习性工作任务实施为主线，物化了本门课程历年来相关职业院校教育教学改革中所取得的成果。

本书包括六个模块，重点介绍了市场主体法律制度、合同法律制度、担保法律制度、市场管理法律制度、民事纠纷处理法律制度、农村常见的几种民事纠纷等内容，涵盖了经济法与民事纠纷的主要内容。本书根据项目驱动式教学的需要，以引导学生主动学习为目的，进行体例架构设计，以适应中等职业学校教育和新型职业农民中职教育创新和改革的需要。本书内容深入浅出、通俗易懂，具有很强的针对性和实用性，是新型职业农民职业教育的专用教材，也可作为现代青年农场主的培育教材，还可作为农村相关专业人员参考用书。

《经济法与民事纠纷处理》由河北省科技工程学校刘新民老师担任主编，南阳农业职业学院董瑞玲老师、河北金融学院王宝娜老师、河北省科技工程学校郑文改老师与冯彦玲老师担任副主编，河北省科技工程学校赵富军老师、南阳农业职业学院张天俊老师参加了编写。编写分工：模块一由南阳农业职业学院张天俊老师编写，模块二由河北省科技工程学校刘新民老师、赵富军老师编写，模块三由河北省科技工程学校郑文改老师、刘新民老师编写，模块四、模块六由南阳农业职业学院董瑞玲老师编写，模块五由河北省科技工程学校冯彦玲老师编写。河北金融学院王宝娜老师对本书的案例及其分析、法律适用等进行了指导，河北省科技工程学校刘新民老师对全书进行了统稿。北京农业职业学院周晖老师、辽宁农业职业技术学院曹军老师、武汉市农业学校吕清华老师、农业部科技教育司王青立处长和原农业部农民科技教育培训中心教材处原处长陈肖安等同志对教材内容进行了审定，在此一并表示感谢。

由于编者水平有限，加之时间仓促，书中存在着不同程度和不同形式的错误和不妥之处，衷心希望广大读者及时发现并提出，更希望广大读者对本书提出宝贵意见，以便修订和完善，进一步提高本书质量。

编 者

2015.12

目　录

模块一　市场主体法律制度

项目一 个人独资企业法

【项目目标】

完成本项目的学习后，你应该能：

1. 熟悉个人独资企业设立的条件及程序；
2. 掌握个人独资企业投资人的责任；
3. 清楚清算清偿相关法律规定。

【项目任务描述】

本项目分为熟悉个人独资企业设立的条件及程序、掌握个人独资企业投资人的责任、清楚清算清偿相关法律规定三个任务。通过本项目的学习与操作，能让学员了解如何设立个人独资企业；掌握个人独资企业投资人的权利、责任；清楚个人独资企业解散后如何清算清偿。通过学习，增强学员对本项目的学习兴趣，提高学员的动手能力、观察分析能力、沟通协作能力。

任务一 熟悉个人独资企业设立的条件及程序

【导入案例】

王某于 2015 年 8 月在工商行政管理机关注册成立了一家主营信息咨询的个人独资企业，取名为“龙辉信息咨询有限公司”，注册资本为人民币 1 万元。

思考：该企业的设立是否合法？

一、学习准备

(一)知识准备

1. 个人独资企业的概念

个人独资企业是指依照《中华人民共和国个人独资企业法》(以下简称《个人独资企业法》)在中国境内设立,由一个自然人投资,财产为投资人个人所有,投资人以其个人财产对企业债务承担无限责任的经营实体。《个人独资企业法》于1999年8月30日由第九届全国人民代表大会常务委员会第十一次会议通过并公布,自2000年1月1日起施行。

2. 个人独资企业的设立条件

根据《个人独资企业法》的规定,我国对个人独资企业的设立,在立法上采取了准则主义,即只要符合法律规定的设立条件,企业即可直接办理工商登记,一般无须经过有关部门批准。

设立个人独资企业应当具备下列条件。

(1)投资人为一个自然人。个人独资企业中的“人”只能是自然人,自然人之外的法人、其他组织不能投资设立个人独资企业。申请设立个人独资企业的投资人应当具有相应的民事权利能力和民事行为能力。法律、行政法规禁止从事营利性活动的人,例如政府公务员,不得作为投资人申请设立个人独资企业;限制民事行为能力人和无民事行为能力人不得作为投资人申请设立个人独资企业。

(2)有合法的企业名称。企业的名称应当真实地表现企业的组织形式特征,并应符合法律、法规的要求。根据国家工商行政管理总局于2014年2月24日发布实施的《个人独资企业登记管理办法》的规定,个人独资企业的名称应当符合名称登记管理有关规定,并与其责任形式及从事的营业相符合。个人独资企业的名称中不得使用“有限”“有限责任”或者“公司”字样。

(3)有投资人申报的出资。在商事交易中,人们看重个人独资企业投资人的个人信用,而不是个人独资企业资本的信用。因此。法律不要求个人独资企业有最低注册资本金。这是它与公司和其他企业法人的一个不同之处。但是,个人独资企业也不是“皮包公司”,不允许它成为无资本之企业。因此,投资人必须申报出资,并且这是个人独资企业设立必备的一个条件。没有投资人申报的出资,个人独资企业不能设立。设立个人独资企业可以用货币出资,也可以用实物、土地使用权、知识产权或者其他财产权利出资,采取实物、土地使用权、知识产权或者其他财产权利出资的,应将其折算成货币数额。投资人申报的出资额应当与企业的生产经营规模相适应。投资人可以个人财产出资,也可以家庭共有财产作为个人出资。

以家庭共有财产作为个人出资的，投资人应当在设立(变更)登记申请书上予以注明。

(4)有固定的场所和必要的生产经营条件。生产经营场所包括企业的住所和与生产经营相适应的处所。住所是企业的主要办事机构所在地，是企业的法定地址。

(5)有必要的从业人员。即要有与其生产经营范围、规模相适应的从业人员。

3. 个人独资企业的设立程序

(1)提出设立申请。申请设立个人独资企业，应当由投资人或者其委托的代理人向个人独资企业所在地的登记机关提出设立申请。

(2)核准登记。登记机关应当在收到设立申请文件之日起15日内，对符合《个人独资企业法》规定条件的予以登记，发给营业执照；对不符合《个人独资企业法》规定条件的，不予登记，并发给企业《登记驳回通知书》。个人独资企业营业执照的签发日期，为个人独资企业成立日期，在领取个人独资企业营业执照前，投资人不得以个人独资企业名义从事经营活动。

(3)设立分支机构登记。个人独资企业设立分支机构，应当由投资人或者其委托的代理人向分支机构所在地的登记机关申请设立登记。分支机构的登记事项应当包括分支机构的名称、经营场所、负责人的姓名和居所、经营范围和方式。登记机关应当在收到按规定提交的全部文件之日起15日内，作出核准登记或者不予登记的决定。核准登记的，发给营业执照；不予登记的，发给《登记驳回通知书》。

(二)资料准备

1. 利用图书馆或网络，查阅、下载《个人独资企业法》，预习第一条至第十三条和第八十二条至第八十四条。

2. 试着理解个人独资企业设立条件。

3. 教师资料单：不符合个人独资企业设立条件的文章和其他资料。

二、项目设计与项目实施

(一)项目设计

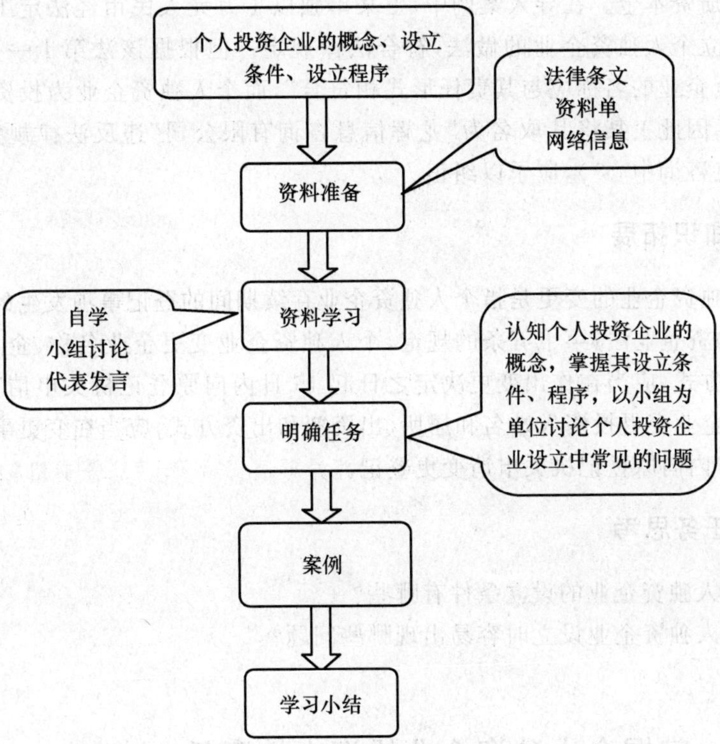

(二)项目实施

1. 安排学员课前通过图书资料、网络信息、实地调查等途径查找个人独资企业设立的法律规定、案例等资料。

2. 根据所收集的案例,组织学员进行案例解析,掌握个人独资企业设立的法律规定;通过导入案例解析,熟悉个人独资企业设立时应注意的问题。

3. 学员学习知识拓展的内容,了解个人独资企业变更程序。

4. 在教师的指导下,学员总结个人独资企业设立的主要内容,并布置任务思考题。

三、导入案例解析

根据我国《个人独资企业法》第二条、第十条的规定，自然人可以单独投资设立个人独资企业，设立时法律仅要求投资人申报出资额和出资方式但并不要求须缴纳最低注册资本金。在导入案例中，王某单独以1万元人民币经法定工商登记程序投资设立个人独资企业的做法，符合法律规定。但根据该法第十一条的规定，“个人独资企业的名称应与其责任形式相符合”，而个人独资企业为投资人个人负无限责任，因此王某将其取名为“龙辉信息咨询有限公司”违反法律规定（可取名“龙辉信息咨询中心”），应予以纠正。

四、知识拓展

个人独资企业的变更是指个人独资企业存续期间的登记事项发生的变更。根据《个人独资企业法》第十五条的规定，个人独资企业变更企业名称、企业住所、经营范围及方式，应当在作出变更决定之日起15日内向原登记机关申请变更登记。个人独资企业变更投资人姓名和居所、出资额和出资方式，应当在变更事由发生之日起15日内向原登记机关申请变更登记。

五、任务思考

1. 个人独资企业的设立条件有哪些？
2. 个人独资企业设立时容易出现哪些问题？

任务二　掌握个人独资企业投资人的责任

【导入案例】

赵某于2005年在某地投资成立了一家食品厂，并在工商行政管理部门注册登记该厂为个人独资企业。2011年以来赵某共拖欠刘某厂房改造工程款人民币4.5万元，刘某多次上门催讨，赵某总是以各种借口搪塞，一直没有付款。无奈之下，刘某于2014年1月向当地人民法院提起诉讼，请求判令食品厂支付工程款。案件审理过程中，对于结欠工程款的事实赵某没有异议，但他认为工程款是食品厂所结欠的，应该用食品厂的财产去清偿债务，个人不必承担责任。

思考：赵某的说法正确吗？

一、学习准备

(一)知识准备

概念及相关知识

(1)个人独资企业投资人。个人独资企业投资人是指以其财产投资而设立独资企业的自然人。

(2)个人独资企业投资人的权利。

①个人独资企业的投资人对企业财产享有所有权。这里的财产,既包括独资企业成立时的出资财产,又包括独资企业经营过程中积累的财产;既包括机器、厂房等有形财产,又包括工业产权、专有技术等无形财产。

②个人独资企业的投资人对其合法权利可以依法进行转让或继承。个人独资企业的财产是由个人独资企业投资人的投资及其孳息形成的。由于个人独资企业的财产所有权归投资人,所以投资人对于企业财产享有完整的和充分的支配权与控制权,它可以将财产的某一部分转让给他人,也可以将整个企业转让给他人。同时,当投资人死亡时,其继承人可以根据《中华人民共和国继承法》的规定对独资企业行使继承权。

(3)个人独资企业投资人的责任。在一般情况下,个人独资企业的投资人以其个人财产对企业债务承担无限责任。但是,如果个人独资企业在申请企业设立登记时明确以其家庭财产作为个人出资的,应当依法以家庭共有财产对企业债务承担无限责任。

(二)资料准备

1. 查阅《个人独资企业法》中投资人权利、责任条款。
2. 理解并掌握个人独资企业投资人的责任承担方式。
3. 教师准备的资料单:个人独资企业投资人的责任承担等相关文章。

二、项目设计与项目实施

(一)项目设计

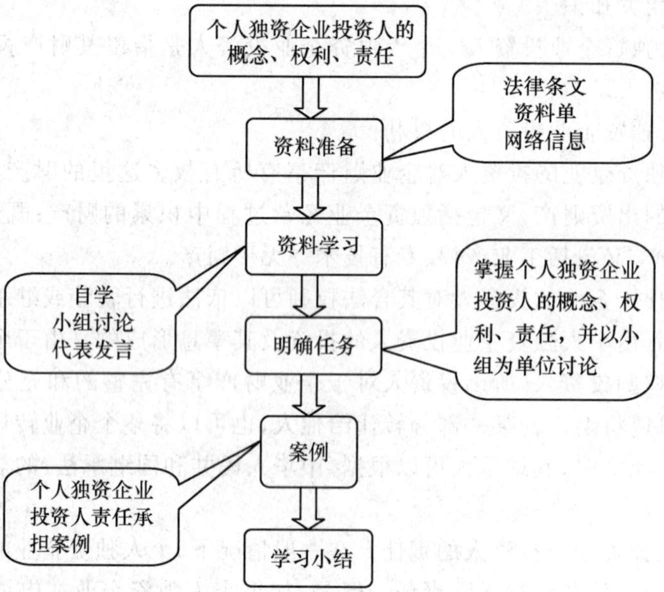

(二)项目实施

1. 安排学员课前通过图书资料、网络信息等途径查找个人独资企业投资人的权利、责任的法律规定、案例等资料。

2. 组织学员对自己所处村镇进行调研,运用所学知识,分析、总结现实中侵犯个人独资企业投资人的权利的现象,提出自己的解决办法。

3. 教师利用导入案例,组织学员讨论个人独资企业投资人不履行责任的常见情形。

4. 教师指导学员学习知识拓展的内容,了解个人独资企业资不抵债时,作为债权人如何维护合法权益,并布置任务思考题。

三、导入案例解析

导入案例中赵某的说法是错误的。个人独资企业的投资人以其个人财产对企业债务承担无限责任。也就是说,个人独资企业的投资人对该企业的债务承担的是补充清偿责任,即个人独资企业在清偿债务的时候,应当先以企业的财产去承担责任,如果不足以清偿,则投资人应以其个人的其他财产去承担责任。

四、知识拓展

根据《中华人民共和国民事诉讼法》(以下简称《民事诉讼法》)第四十八条的规定，公民、法人和其他组织可以作为民事诉讼当事人；法人由其法定代表人进行诉讼。其他组织由主要负责人进行诉讼。我国的个人独资企业具有独立的经营实体地位，它既不是自然人，也不是法人，而是非法人经济组织，因此，当企业发生纠纷时，应该以企业作为民事诉讼当事人，企业的投资人只能以代表人的身份进行诉讼。此外，个人独资企业的人格、财产、利益、责任都具有相对的独立性，特别是在责任的相对独立性上，《个人独资企业法》第三十一条规定，个人独资企业财产不足以清偿债务的，投资人应当以其个人其他财产予以清偿。这表明对企业债务立法上在坚持投资者承担民事责任的同时，改变了要求其承担连带责任的做法，采取了补充主义。这意味着只有当个人独资企业的财产不足清偿时，才以投资人个人的其他财产承担责任。法律已将个人独资企业和投资人作为不同的责任相分离，其责任财产也应相分离。

五、任务思考

1. 个人独资企业投资人的权利有哪些？
2. 个人独资企业投资人的责任有哪些？

任务三　清楚清算清偿相关法律规定

【导入案例】

魏某于 2012 年 1 月在工商行政管理机关注册成立了一家科技服务的个人独资企业，注册资本为人民币 1 万元，员工 4 人。后该企业经营不善，负债 47 万元，其中，拖欠职工工资 5 万元，拖欠税款 4.5 万元，其他负债 37.5 万元，企业资产为 15 万元。魏某于 2014 年 9 月自行解散该企业，并先行偿付其他负债 10 万元。

思考：

1. 魏某将该企业自行解散的行为是否有效？为什么？
2. 企业解散时，财产应按什么样的顺序清偿？

一、学习准备

(一)知识准备

1. 个人独资企业的解散

个人独资企业的解散是使个人独资企业消灭的法律事实。换言之，解散是个人独资企业消灭的原因。解散仅仅是个人独资企业消灭的原因。企业并非因解散的事实发生而立即消灭。引起个人独资企业解散的原因很多,但大致可以分为以下三类。

(1)任意解散。

任意解散是指个人独资企业基于投资人的意思而解散,即投资人自行决定解散。

(2)强制解散。

强制解散是指个人独资企业基于主管机关之决定而解散,如个人独资企业被依法吊销营业执照。

(3)法定解散。

法定解散是指个人独资企业基于法律、行政法规的规定而解散,如个人独资企业的投资人死亡或者被宣告死亡,无继承人或者继承人放弃继承,导致个人独资企业存在的法定的基本事实丧失;又如,法律、行政法规规定的其他解散情形出现。

2. 个人独资企业的清算

(1)清算人的产生。

根据《个人独资企业法》第二十七条的规定,个人独资企业解散,由投资人自行清算或者由债权人申请人民法院指定清算人进行清算。根据此规定,清算人的产生方式有以下两种。

①当然清算人。

当然清算人又称法定清算人。个人独资企业的清算,原则上以个人独资企业的投资人为其清算人。

②指定清算人。

指定清算人又称选派清算人。经债权人申请,人民法院可以指定个人独资企业投资人以外的人为清算人。

(2)通知或公告债权人申报债权。

投资人自行清算的,应当在清算前15日内书面通知债权人。无法通知的,应当予以公告。债权人应当在接到通知之日起30日内,未接到通知的应当在公告之日起60日内,向投资人申报其债权。

个人独资企业解散后,原投资人对个人独资企业存续期间的债务仍应承担偿还责任,但债权人在5年内未向债务人提出偿债请求的,该责任消灭。

(3)清理财产,清偿债务。

清算人应在债权人申报债权后清理企业的债权、债务。在清算期间,个人独资企业不得开展与清算目的无关的经营活动。在清偿债务前,投资人不得转移、隐匿财产。个人独资企业及其投资人在清算前或清算期间隐匿或转移财产,逃避债务的,依法追缴其财产,并按照有关规定予以处罚;构成犯罪的,追究刑事责任。

个人独资企业解散的，财产应当按照下列顺序清偿：①所欠职工工资和社会保险费用；②所欠税款；③其他债务。个人独资企业财产不足以清偿债务的，投资人应当以其个人的其他财产予以清偿。

(4)清算终结，企业消灭。

个人独资企业清算结束后，投资人或者人民法院指定的清算人应当编制清算报告，并于清算结束之日起 15 日内向原登记机关申请注销登记。注销登记一旦完成，个人独资企业即告消灭。

(二)资料准备

1. 查阅《个人独资企业法》中解散与清算条款。
2. 掌握个人独资企业财产清偿顺序。
3. 教师准备的资料单：个人独资企业财产清偿顺序相关文章、案例。

二、项目设计与项目实施

(一)项目设计

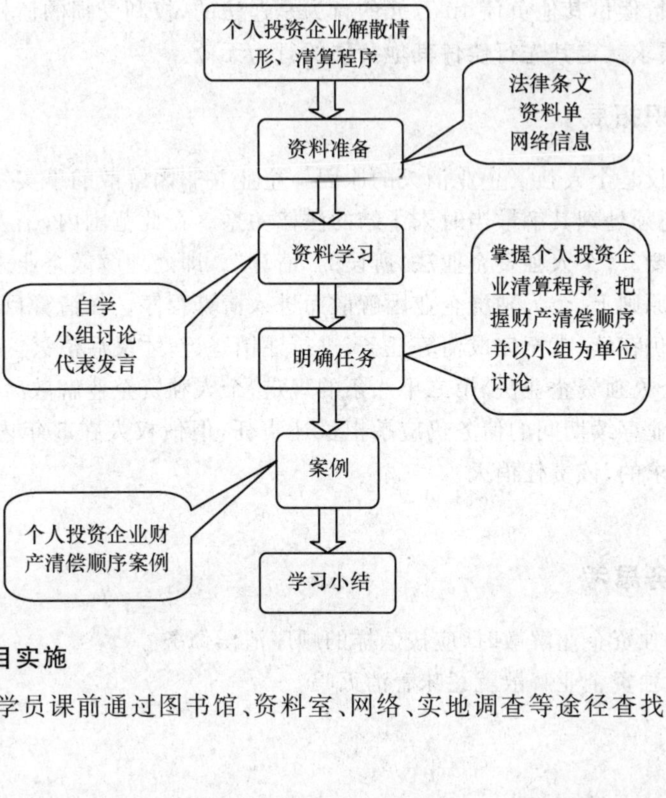

(二)项目实施

1. 安排学员课前通过图书馆、资料室、网络、实地调查等途径查找个人独资企业清算程序的法律规定、案例等有关资料。

2. 组织学员结合自己的经历，总结个人独资企业投资人在企业解散时侵犯债权人合法权益的现象，运用所学知识，提出对策。

3. 教师利用导入案例，组织学员讨论个人独资企业投资人不按法定顺序清偿的常见情形；教师指导学员学习知识拓展内容，理解“个人独资企业解散不是消灭”，并布置任务思考题。

4. 通过集中学习本任务内容，组织学员分组讨论，每组集体写一份学习收获。

三、导入案例解析

魏某将该企业自行解散的行为有效。依照《个人独资企业法》第二十七条的规定，个人独资企业解散，由投资人自行清算或者由债权人申请人民法院指定清算人进行清算。由此可以看出，投资人自行解散企业是有效的。

依照《个人独资企业法》第二十九条的规定，个人独资企业解散的，财产应当按照下列顺序清偿：①所欠职工工资和社会保险费用；②所欠税款；③其他债务。因此，在本案中，魏某应先偿还拖欠的职工工资，再补缴所欠税款，然后偿还其他债务。魏某先行偿付其他负债 10 万元的行为是违法的，权利受损的债权人可向人民法院起诉，要求认定其先行偿付其他负债的行为无效。

四、知识拓展

解散仅仅是个人独资企业消灭的原因。企业并非因解散的事实发生而立即消灭。相反，还须处理其解散当时未了结的法律关系。在此范围内，个人独资企业仍有存在的必要。《个人独资企业法》所设的“清算”。即处理解散企业未了结法律关系的程序。原则上，个人独资企业因解散而进入清算程序。在清算目的范围内，个人独资企业仍存续，直至完成清算任务，进行注销登记，才最后消灭。

根据《个人独资企业法》第二十八条的规定，个人独资企业解散后，原投资人对个人独资企业存续期间的债务仍应承担偿还责任，但债权人在 5 年内未向债务人提出偿债请求的，该责任消灭。

五、任务思考

1. 个人独资企业解散时，应按怎样的顺序清偿债务？

2. 个人独资企业解散就意味着消灭吗？

项目二　合伙企业法

【项目目标】

完成本项目的学习后，你应该能：

1. 认知两种不同合伙人对合伙企业的责任承担；
2. 了解合伙企业设立的实质条件；
3. 理解合伙企业的事务执行；
4. 把握入伙、退伙的法律规定。

【项目任务描述】

本项目分为认知两种不同合伙人对合伙企业的责任承担，了解合伙企业设立的实质条件，理解合伙企业的事务执行，把握入伙、退伙的法律规定四个任务。通过本项目的学习与操作，能让学员掌握两种不同合伙人对合伙企业的责任承担方式是不同的；了解合伙企业设立的实质条件；熟悉合伙企业事务如何执行；把握入伙、退伙的法律规定。通过学习，增强学员对本项目的学习兴趣，培养学员查阅资料、观察分析、调查研究和沟通协作等能胜任岗位工作的职业素质，并运用所学知识指导自己的生产经营活动。

任务一　认知两种不同合伙人对合伙企业的责任承担

【导入案例】

2014 年 6 月，甲、乙、丙、丁四人分别出资 10 万元、10 万元、10 万元及 20 万元设立某有限合伙企业,其中,甲和丁为普通合伙人,乙和丙为有限合伙人。2014 年 8 月,经全体合伙人一致同意,丁转变为有限合伙人。2015 年 1 月,该合伙企业向某银行贷款 100 万元,贷款到期时,该企业的全部财产只有 40 万元。

思考:

1. 银行能否要求合伙人甲清偿不足的全部 60 万元?
2. 银行能否要求合伙人丁清偿不足的全部 60 万元?

一、学习准备

(一)知识准备

1. 合伙企业的种类及组成

以是否存在承担有限责任的合伙人为标准,合伙企业可分为普通合伙企业和有限合伙企业。普通合伙企业由普通合伙人组成;有限合伙企业由普通合伙人和有限合伙人组成,组成有限合伙企业至少应当有一个普通合伙人。相对于普通合伙企业,有限合伙企业允许投资者以承担有限责任的方式参加合伙成为有限合伙人,以有利于激发投资者的积极性。并且,可以使资本与智力实现有效的结合,即拥有财力的人作为有限合伙人,拥有专业知识和技能的人作为普通合伙人,这样使资源得到整合,对市场经济的发展起到积极的促进作用。

2. 合伙人对合伙企业的责任承担

根据《中华人民共和国合伙企业法》(以下简称《合伙企业法》)第二条第二款的规定,普通合伙企业由普通合伙人组成,合伙人对合伙企业债务承担无限连带责任。该法第二条第三款规定,有限合伙企业是由普通合伙人和有限合伙人组成,普通合伙人对合伙企业的债务承担无限连带责任,有限合伙人以其认缴的出资额为限对合伙企业债务承担责任。由此可以看出,普通合伙人对合伙债务承担无限连带责任,有限合伙人仅以其出资额为限对合伙债务承担有限责任。

在有限合伙企业合伙人性质转变的问题上,《合伙企业法》规定,除合伙协议另有约定外,普通合伙人转变为有限合伙人,或者有限合伙人转变为普通合伙人,应当经全体合伙人一致同意。有限合伙人转变为普通合伙人的,对其作为有限合伙人期间有限合伙企业发生的债务承担无限连带责任。普通合伙人转变为有限合伙人的,对其作为普通合伙人期间合伙企业发生的债务承担无限连带责任。

(二)资料准备

1. 下载《个人独资企业法》,预习合伙人对合伙企业的责任承担条款。
2. 教师准备的资料单:合伙人对合伙企业的责任承担案例及相关文章。

3. 学员分析自己熟悉的合伙企业类型。

二、项目设计与项目实施

(一)项目设计

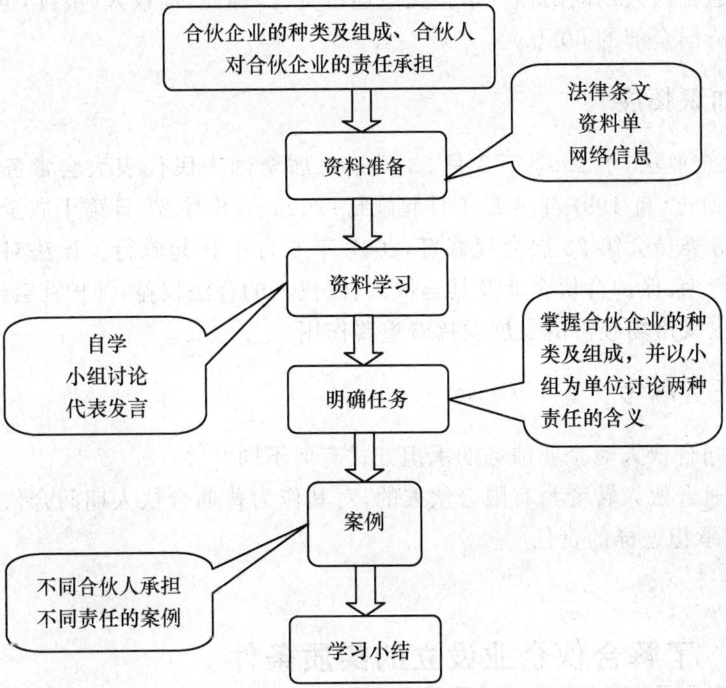

(二)项目实施

1. 安排学员课前通过图书馆、资料室、网络、实地调查等途径查找不同合伙人对合伙企业债务承担的法律规定、案例等有关资料。

2. 根据所收集的资料，组织学员总结合伙人逃避企业债务的行为表现，运用所学知识，提出对策。

3. 教师利用导入案例，组织学员讨论不同合伙人对合伙企业债务承担方式，教师布置任务思考题。

三、导入案例解析

1. 根据《合伙企业法》第二条第三款的规定，有限合伙企业由普通合伙人和有限合伙人组成，普通合伙人对合伙企业债务承担无限连带责任，有限合伙人以其认缴的出资额为限对合伙企业债务承担责任。本案中甲作为普通合伙人，应对企业债务承担无限连带责任，因此，债权人（银行）可以要求合伙人甲清偿不足的全部60万元。

2. 根据《合伙企业法》第八十四条的规定，普通合伙人转变为有限合伙人的，对其作为普通合伙人期间合伙企业发生的债务承担无限连带责任。本案中，丁应对作为普通合伙人期间的债务承担无限连带责任，因此，债权人（银行）也可以要求合伙人丁清偿全部的60万元。

四、知识拓展

《合伙企业法》于1997年2月23日第八届全国人民代表大会常务委员会第24次会议通过，自1997年8月1日起施行；2006年8月27日第十届全国人民代表大会常务委员会第23次会议修订，2007年6月1日起施行。该法对于规范合伙企业的行为，保护合伙企业及其合伙人、债权人的合法权益，维护社会经济秩序，促进社会主义市场经济的发展发挥着重要作用。

五、任务思考

1. 不同合伙人对企业债务的承担方式有何不同？

2. 普通合伙人转变为有限合伙人的，对其作为普通合伙人期间合伙企业发生的债务，应承担怎样的责任？

任务二　了解合伙企业设立的实质条件

【导入案例】

甲、乙、丙三人拟设立一有限合伙企业，约定甲为有限合伙人，乙、丙为普通合伙人，并订立了一份合伙协议，部分内容如下：①合伙企业的名称定为“信达商务合伙企业”；②甲的出资为现金1 000元，劳务作价5万元；③乙的出资为现金2万元，于合伙企业成立半年后缴付。

思考：该协议的上述三项内容是否符合《合伙企业法》的规定？

一、学习准备

（一）知识准备

根据《合伙企业法》的有关规定，设立合伙企业，除具备到企业登记机关登记并领取营业执照这一形式要件外，同时还应当具备以下五项实质条件。

(1)有二个以上合伙人。

普通合伙企业没有合伙人数的上限，但有限合伙企业不得超过50人。设立合伙人为自然人的，应当具备完全民事行为能力，但无民事行为能力人、限制行为能力人可以成为有限合伙人。公司可以成为合伙人，但国有独资公司、国有企业、上市公司以及公益性的事业单位、社会团体不得成为普通合伙人，只能成为有限合伙人。

(2)要有书面合伙协议。

书面合伙协议作为合伙企业成立的基础，必不可少。合伙协议为要式合同，经全体合伙人签字或盖章后生效。如果合伙人违反，则要对其他合伙人承担违约责任。合伙协议应当载明下列事项：①合伙企业的名称和主要经营场所的地点；②合伙目的和合伙经营范围；③合伙人的姓名或者名称、住所；④合伙人的出资方式、数额和缴付期限；⑤利润分配、亏损分担方式；⑥合伙事务的执行；⑦入伙与退伙；⑧争议解决办法；⑨合伙企业的解散与清算；⑩违约责任。

(3)要有各合伙人认缴或实缴的出资。

合伙企业为人合企业，其信用来自于合伙人而非企业的资产信用，故没有法定最低资本的限制，也不以合伙人实缴资本为成立条件。普通合伙人可以用货币、实物、知识产权、土地使用权或者其他财产权利出资，也可以用劳务出资。但有限合伙人不得以劳务出资。

(4)有合伙企业的名称和生产经营场所。

名称应该名副其实，合伙企业名称中不能有“有限公司”“股份公司”“股份有限公司”的字样；普通合伙企业标明“普通合伙”字样；有限合伙企业标明“有限合伙”字样。

(5)法律、行政法规规定的其他条件。

(二)资料准备

1. 查阅《合伙企业法》第三条至第十九条及第六十条至第六十六条。

2. 学员分组各草拟一份合伙协议或找一份现实的合伙协议。

3. 教师准备的资料单：合伙协议范本。

二、项目设计与项目实施

(一)项目设计

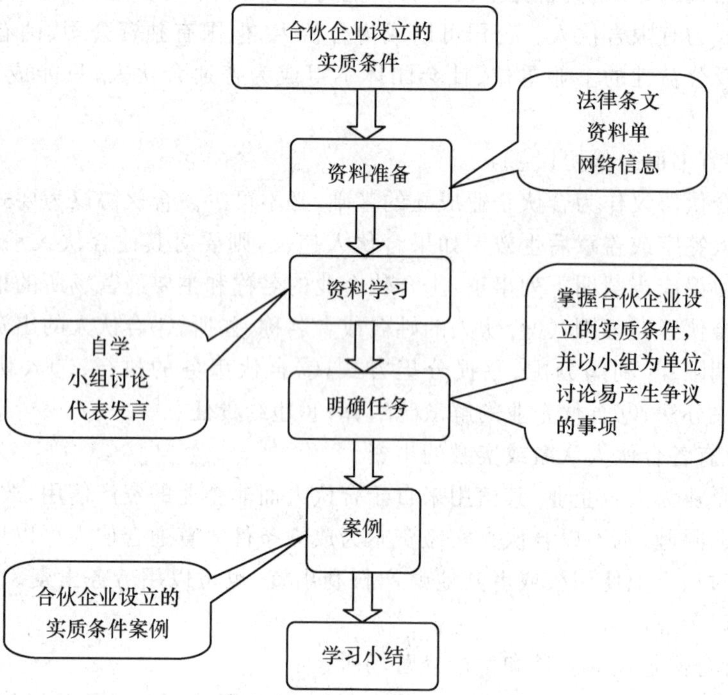

(二)项目实施

1. 安排学员课前通过图书馆、资料室、网络、实地调查等途径查找合伙企业设立条件的法律规定、案例等有关资料。

2. 根据所收集的资料，组织学员总结合伙企业设立时易产生争议的事项。

3. 把各组准备的合伙协议与教师准备的范本进行对照，在教师的指导下，运用所学知识，查找、弥补漏洞。

4. 教师利用导入案例，组织学员讨论合伙企业设立时应关注哪些设立条件，教师布置任务思考题。

三、导入案例解析

1. 根据《合伙企业法》的规定，普通合伙企业名称中应当标明“普通合伙”字样，有限合伙企业名称中应当标明“有限合伙”字样。因此，在本案中，该合伙企业的名称定为“信达商务合伙企业”是不符合《合伙企业法》的规定的，应改为“信达商务有限合伙企业”。

2. 根据《合伙企业法》第六十四条的规定，有限合伙人可以用货币、实物、知识产权、土地使用权或者其他财产权利作价出资。有限合伙人不得以劳务出资。因此，在本案中，有限合伙人甲的出资现金 1 000 元符合法律规定，以劳务作价 5 万元不符合法律规定。

3. 根据《合伙企业法》的规定，要有各合伙人认缴或实缴的出资。可知合伙人可以实际一次性缴付出资，也可以“认缴”的形式分期出资。因此，在本案中，乙的出资于合伙企业成立半年后缴付符合法律规定。

四、知识拓展

我国合伙企业设立登记采用核准主义，合伙企业的营业执照签发日期，为合伙企业成立日期。这一点与公司企业和个人独资企业相同。根据《合伙企业法》第十三条的规定，在运营过程中，登记事项变更的，应当及时申请变更登记，合伙事务执行人未按期办理变更登记的，应当赔偿由此给合伙企业、其他合伙人及善意第三人造成的损失。

五、任务思考

1. 合伙企业设立的条件有哪些？
2. 结合所收集的材料，总结签订合伙协议时应注意哪些问题。

任务三 理解合伙企业的事务执行

【导入案例】

甲、乙、丙三人各出资 3 万元设立了一家有限合伙企业，在合伙协议中约定，甲、丙是有限合伙人，乙是普通合伙人。

思考：

1. 该合伙企业应由谁执行企业事务？

2. 乙有权力聘任丁担任该企业的经营管理人员吗？他怎样做才符合《合伙企业法》的规定？

一、学习准备

(一)知识准备

1. 普通合伙企业的事务执行

(1)合伙企业事务执行的形式。

合伙人执行合伙企业事务,有全体合伙人共同执行合伙企业事务、委托一名或数名合伙人执行合伙企业事务两种形式。作为合伙人的法人、其他组织执行合伙事务的,由其委派的代表执行。

共同执行是合伙企业事务执行的基本形式,也是在合伙企业中经常使用的一种形式。在采取这种形式的合伙企业中,按照合伙协议的约定,各个合伙人都直接参与经营,处理合伙企业的事务,对外代表合伙企业。

委托执行由合伙协议约定或者全体合伙人决定委托一名或者数名合伙人执行合伙企业事务,对外代表合伙企业。其执行合伙企业事务所产生的收益,由全体合伙人享有,所产生的亏损或者民事责任,由全体合伙人承担。未接受委托执行合伙企业事务的其他合伙人,不再执行合伙企业的事务。

根据《合伙企业法》的规定,合伙企业的下列事务必须经全体合伙人一致同意:①改变合伙企业的名称;②改变合伙企业的经营范围、主要经营场所的地点;③处分合伙企业的不动产;④转让或者处分合伙企业的知识产权和其他财产权利;⑤以合伙企业名义为他人提供担保;⑥聘任合伙人以外的人担任合伙企业的经营管理人员。

(2)合伙人在执行合伙事务中的权利和义务。

①合伙人在执行合伙事务中的权利。

根据《合伙企业法》的规定,合伙人在执行合伙事务中有如下权利:a. 合伙人平等享有合伙事务执行权;b. 执行合伙事务的合伙人对外代表合伙企业;c. 不参加执行事务的合伙人有权监督执行事务的合伙人,检查其执行合伙企业事务的情况;d. 各合伙人有权查阅合伙企业的账簿和其他有关文件;e. 合伙人有提出异议权和撤销委托执行事务权。在合伙人分别执行合伙事务的情况下,由于执行合伙事务的合伙人的行为所产生的亏损和责任要由全体合伙人承担,因此,《合伙企业法》规定,经合伙协议约定或者经全体合伙人决定,合伙人分别执行合伙企业事务时,合伙人可以对其他合伙人执行的事务提出异议。提出异议时,应暂停该项事务的执行。被委托执行合伙事务的合伙人不按照合伙协议或者全体合伙人的决定执行事务的,其他合伙人可以决定撤销该委托。

②合伙人在执行合伙事务中的义务。

根据《合伙企业法》的规定，合伙人在执行合伙事务中有如下义务：a. 由一名或者数名合伙人执行合伙企业事务的，应当依照约定向其他不参加执行事务的合伙人报告事务执行情况以及合伙企业的经营状况和财务状况；b. 合伙人不得自营或者同他人合作经营与本合伙企业相竞争的业务；c. 除合伙协议另有约定或者经全体合伙人一致同意外，合伙人不得同本合伙企业进行交易；d. 合伙人不得从事损害本合伙企业利益的活动。

(3)合伙事务执行的决议办法。

合伙人对合伙企业有关事项作出决议，按照合伙协议约定的表决办法办理。合伙协议未约定或者约定不明确的，实行合伙人一人一票并经全体合伙人过半数通过的表决办法。《合伙企业法》对合伙企业的表决办法另有规定的，从其规定。

(4)合伙企业的损益分配。

合伙企业的利润分配、亏损分担，按照合伙协议的约定办理；合伙协议未约定或者约定不明确的，由合伙人协商决定；协商不成的，由合伙人按照实缴出资比例分配、分担；无法确定出资比例的，由合伙人平均分配、分担。合伙协议不得约定将全部利润分配给部分合伙人或者由部分合伙人承担全部亏损。

(5)聘任合伙人以外人员参与经营管理。

经全体合伙人同意，合伙企业可以聘任合伙人以外的人担任合伙企业的经营管理人员。被聘任的合伙企业的经营管理人员应当在合伙企业授权范围内履行职责。超越合伙企业授权范围从事经营活动，或者因故意或者重大过失，给合伙企业造成损失的，依法承担赔偿责任。

2. 有限合伙企业的事务执行

有限合伙企业由普通合伙人执行合伙事务，执行事务合伙人可以要求在合伙协议中确定执行事务的报酬及报酬提取方式。有限合伙人不执行合伙事务，不得对外代表有限合伙企业。

有限合伙人的下列行为，不能视为执行合伙事务：①参与决定普通合伙人入伙、退伙；②对企业的经营管理提出建议；③参与选择承办有限合伙企业审计业务的会计师事务所；④获取经审计的有限合伙企业财务会计报告；⑤对涉及自身利益的情况，查阅有限合伙企业财务会计账簿等财务资料；⑥在有限合伙企业中的利益受到侵害时，向有责任的合伙人主张权利或者提起诉讼；⑦执行事务的合伙人怠于行使权利时，督促其行使权利或者为了本企业的利益以自己的名义提起诉讼；⑧依法为本企业提供担保。

(二)资料准备

1. 查阅《合伙企业法》第二十六条至第三十六条及第六十七条至第七十四条。

2. 总结合伙企业事务执行的形式。

3. 教师准备的资料单:不同合伙企业事务执行的方式及实践中常见的合伙企业事务执行争议的案例。

二、项目设计与项目实施

(一)项目设计

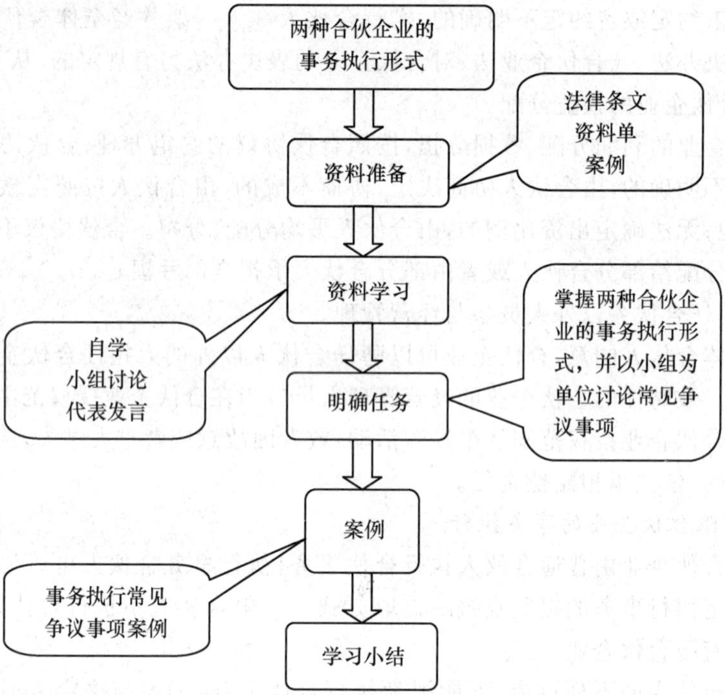

(二)项目实施

1. 安排学员课前通过图书馆、资料室、网络、实地调查等途径查找合伙企业事务执行的法律规定、案例等有关资料。

2. 根据所收集的资料,组织学员讨论两种事务执行方式的利弊。

3. 以小组为单位,对照实践,查找事务执行产生争议的原因,讨论解决办法,每组形成一个书面结论。

4. 教师利用导入案例,组织学员总结事务执行合伙人易出现的不当行为。

5. 教师组织学习知识拓展，学会依法处置合伙企业财产。

6. 教师组织发动全体学员讨论、评价各小组的学习情况，布置任务思考题。

三、导入案例解析

1. 根据《合伙企业法》第六十七条、第六十八条的规定，有限合伙企业由普通合伙人执行合伙事务；有限合伙人不执行合伙事务，不得对外代表有限合伙企业。因此，在本案中，该合伙企业的事务执行权只有作为普通合伙人的乙来担任。

2. 根据《合伙企业法》第三十一条的规定，除合伙协议另有约定外，合伙企业的下列事项应当经全体合伙人一致同意：①改变合伙企业的名称；②改变合伙企业的经营范围、主要经营场所的地点；③处分合伙企业的不动产；④转让或者处分合伙企业的知识产权和其他财产权利；⑤以合伙企业名义为他人提供担保；⑥聘任合伙人以外的人担任合伙企业的经营管理人员。因此，在本案中，聘任合伙人以外的丁担任合伙企业的经营管理人员，除合伙协议另有约定外，应当经全体合伙人一致同意，乙不能擅自决定。

四、知识拓展

《合伙企业法》中有关合伙企业财产的规定如下。

第二十二条规定：除合伙协议另有约定外，合伙人向合伙人以外的人转让其在合伙企业中的全部或者部分财产份额时，须经其他合伙人一致同意。合伙人之间转让在合伙企业中的全部或者部分财产份额时，应当通知其他合伙人。

第二十三条规定：合伙人向合伙人以外的人转让其在合伙企业中的财产份额的，在同等条件下，其他合伙人有优先购买权；但是，合伙协议另有约定的除外。

第二十四条规定：合伙人以外的人依法受让合伙人在合伙企业中的财产份额的，经修改合伙协议即成为合伙企业的合伙人，依照修改后的合伙协议享有权利，履行义务。

第二十五条规定：合伙人以其在合伙企业中的财产份额出质的，须经其他合伙人一致同意；未经其他合伙人一致同意，其行为无效，由此给善意第三人造成损失的，由行为人依法承担赔偿责任。

五、任务思考

1. 合伙企业哪些事务必须经全体合伙人一致同意？

2. 委托执行所产生的亏损或者民事责任应由谁承担？

3. 合伙人在执行合伙事务中的权利和义务有哪些？

任务四　把握入伙、退伙的法律规定

【导入案例】

甲、乙、丙三人各出资 4 万元设立了一家餐饮普通合伙企业，合伙协议约定：合伙企业的利润分配、亏损分担，按照合伙人实缴出资比例分配、分担。因生意火爆，甲遂让其弟弟丁出资 4 万元参加合伙，乙同意，但丙表示反对。甲以多数人同意为由，安排丁参与餐饮经营，后该企业发生食品安全事故，造成 30 万元损失。四人为该 30 万元损失的分担问题诉至人民法院。

思考：此案应如何处理？

一、学习准备

（一）知识准备

1. 普通合伙企业入伙与退伙

（1）入伙。

入伙是指在合伙企业存续期间，合伙人以外的第三人加入合伙，从而取得合伙人资格。

①入伙的条件和程序。

根据《合伙企业法》的规定，新合伙人入伙，除合伙协议另有约定外，应当经全体合伙人一致同意，并依法订立书面入伙协议。订立入伙协议时，原合伙人应当向新合伙人如实告知原合伙企业的经营状况和财务状况。

②新合伙人的权利和责任。

一般来讲，入伙的新合伙人与原合伙人享有同等权利，承担同等责任。但是，如果原合伙人愿意以更优越的条件吸引新合伙人入伙，或者新合伙人愿意以较为不利的条件入伙，也可以在入伙协议中另行约定。关于新入伙人对入伙前合伙企业的债务承担问题，《合伙企业法》规定，新合伙人对入伙前合伙企业的债务承担无限连带责任。

（2）退伙。

退伙是指合伙人退出合伙企业，从而丧失合伙人资格。

①退伙的原因。

合伙人退伙，一般有两种原因：一是自愿退伙；二是法定退伙。

自愿退伙是指合伙人基于自愿的意思表示而退伙。自愿退伙可以分为协议退伙和通知退伙两种。

关于协议退伙，根据《合伙企业法》的规定，合伙协议约定合伙期限的，在合伙企业存续期间，有下列情形之一的，合伙人可以退伙：a. 合伙协议约定的退伙事由出现；b. 经全体合伙人一致同意；c. 发生合伙人难以继续参加合伙的事由；d. 其他合伙人严重违反合伙协议约定的义务。合伙人违反上述规定退伙的，应当赔偿由此给合伙企业造成的损失。

关于通知退伙，根据《合伙企业法》的规定，合伙协议未约定合伙期限的，合伙人在不给合伙企业事务执行造成不利影响的情况下，可以退伙，但应当提前 30 日通知其他合伙人。由此可见，法律对通知退伙有一定的限制，即附有以下三项条件：①必须是合伙协议未约定合伙企业的经营期限；②必须是合伙人的退伙不给合伙企业事务执行造成不利影响；③必须提前 30 日通知其他合伙人。这三项条件必须同时具备，缺一不可。合伙人违反上述规定退伙的，应当赔偿由此给合伙企业造成的损失。

法定退伙是指合伙人因出现法律规定的事由而退伙。法定退伙分为当然退伙和除名两类。

关于当然退伙，根据《合伙企业法》的规定，合伙人有下列情形之一的，当然退伙：a. 作为合伙人的自然人死亡或者被依法宣告死亡；b. 个人丧失偿债能力；c. 作为合伙人的法人或者其他组织依法被吊销营业执照、责令关闭、撤销，或者被宣告破产；d. 法律规定或者合伙协议约定合伙人必须具有相关资格而丧失该资格；e. 合伙人在合伙企业中的全部财产份额被人民法院强制执行。此外，合伙人被依法认定为无民事行为能力人或者限制民事行为能力人的，经其他合伙人一致同意，可以依法转为有限合伙人，普通合伙企业依法转为有限合伙企业。其他合伙人未能一致同意的，该无民事行为能力或者限制民事行为能力的合伙人退伙。当然退伙以退伙事由实际发生之日为退伙生效日。

关于除名，根据《合伙企业法》的规定，合伙人有下列情形之一的，经其他合伙人一致同意，可以决议将其除名：a. 未履行出资义务；b. 因故意或者重大过失给合伙企业造成损失；c. 执行合伙事务时有不正当行为；d. 发生合伙协议约定的事由。对合伙人的除名决议应当书面通知被除名人。被除名人接到除名通知之日，除名生效，被除名人退伙。被除名人对除名决议有异议的，可以自接到除名通知之日起 30 日内，向人民法院起诉。

②退伙的效果。

退伙的效果是指退伙时退伙人在合伙企业中的财产份额和民事责任的归属变动，分为两类情况：一是财产继承；二是退伙结算。

关于财产继承，根据《合伙企业法》的规定，合伙人死亡或者被依法宣告死亡的，对该合伙人在合伙企业中的财产份额享有合法继承权的继承人，按照合伙协议的约定：或者经全体合伙人一致同意，从继承开始之日起，取得该合伙企业的合伙人资格。

有下列情形之一的，合伙企业应当向合伙人的继承人退还被继承合伙人的财产份额：a. 继承人不愿意成为合伙人；b. 法律规定或者合伙协议约定合伙人必须具有相关资格，而该继承人未取得该资格；c. 合伙协议约定不能成为合伙人的其他情形。合伙人的继承人为无民事行为能力人或者限制民事行为能力人的，经全体合伙人一致同意，可以依法成为有限合伙人，普通合伙企业依法转为有限合伙企业。全体合伙人未能一致同意的，合伙企业应当将被继承合伙人的财产份额退还该继承人。

关于退伙结算，除合伙人死亡或者被依法宣告死亡的情形外，《合伙企业法》对退伙结算作了以下规定：a. 合伙人退伙，其他合伙人应当与该退伙人按照退伙时的合伙企业财产状况进行结算，退还退伙人的财产份额。退伙人对给合伙企业造成的损失负有赔偿责任的，相应扣减其应当赔偿的数额。退伙时有未了结的合伙企业事务的，待该事务了结后进行结算。b. 退伙人在合伙企业中财产份额的退还办法，由合伙协议约定或者由全体合伙人决定，可以退还货币，也可以退还实物。

合伙人退伙以后，并不能解除对于合伙企业既往债务的连带责任。根据《合伙企业法》的规定，退伙人对基于其退伙前的原因发生的合伙企业债务，承担无限连带责任。

2. 有限合伙企业入伙与退伙的特殊规定

(1)入伙。

根据《合伙企业法》的规定，新入伙的有限合伙人对入伙前有限合伙企业的债务，以其认缴的出资额为限承担责任。需要注意的是，在普通合伙企业中，新入伙的合伙人对入伙前合伙企业的债务承担连带责任，而在有限合伙企业中，新入伙的有限合伙人对入伙前有限合伙企业的债务，以其认缴的出资额为限承担责任。

(2)退伙。

①有限合伙人当然退伙。

根据《合伙企业法》的规定，有限合伙人出现下列情形时当然退伙：a. 作为合伙人的自然人死亡或者被依法宣告死亡；b. 作为合伙人的法人或者其他组织依法被吊销营业执照、责令关闭、撤销，或者被宣告破产；c. 法律规定或者合伙协议约定合伙人必须具有相关资格而丧失该资格；d. 合伙人在合伙企业中的全部财产份额被人民法院强制执行。

②有限合伙人丧失民事行为能力的处理。

根据《合伙企业法》的规定，作为有限合伙人的自然人在有限合伙企业存续期间丧失民事行为能力的，其他合伙人不得因此要求其退伙。这是因为有限合伙人对有限合伙企业只进行投资，而不负责事务执行。作为有限合伙人的自然人在有限合伙企业存续期间丧失民事行为能力，并不影响有限合伙企业的正常生产经营活动，其他合伙人不能要求该丧失民事行为能力的合伙人退伙。

③有限合伙人继承人的权利。

根据《合伙企业法》的规定，作为有限合伙人的自然人死亡、被依法宣告死亡或者作为有限合伙人的法人及其他组织终止时，其继承人或者权利承受人可以依法取得该有限合伙人在有限合伙企业中的资格。

④有限合伙人退伙后的责任承担。

根据《合伙企业法》的规定，有限合伙人退伙后，对基于其退伙前的原因发生的有限合伙企业债务，以其退伙时从有限合伙企业中取回的财产承担责任。

(二)资料准备

1. 查阅《合伙企业法》第四十三条至第五十四条和第七十七条至第八十四条。
2. 利用图书馆、报纸杂志，查找有关入伙、退伙的书面资料。
3. 教师准备的资料单：实践中不同合伙企业入伙、退伙后责任承担的案例。

二、项目设计与项目实施

(一)项目设计

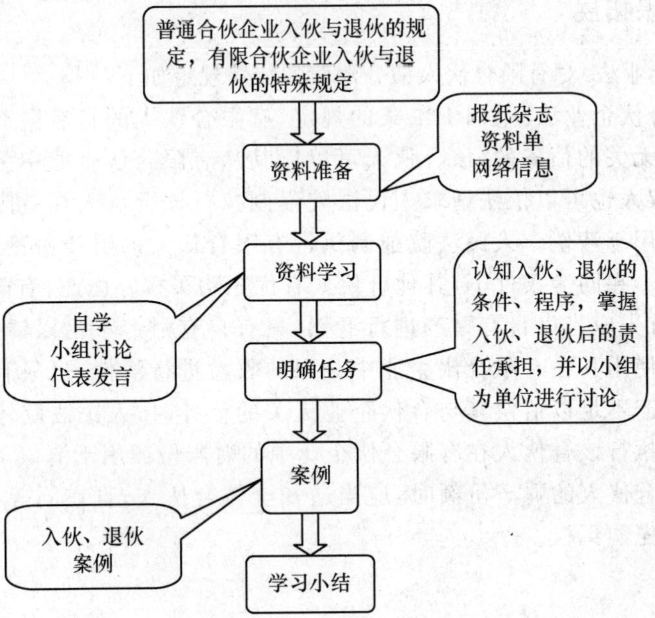

(二)项目实施

1. 安排学员课前通过图书馆、资料室、网络、实地调查等途径查找两种合伙企业入伙、退伙条件、程序及责任承担的法律规定、案例等有关资料。

2. 根据所收集的资料,组织学员讨论入伙后对企业入伙前债务应如何承担。

3. 根据所搜集的资料,组织学员讨论退伙后对企业既往债务应如何承担。

4. 以小组为单位,对照实践,分析普通合伙企业退伙后如何依据具体情况依法结算。

5. 教师利用导入案例,组织学员总结入伙应注意的问题;教师组织学习知识拓展,理解有限合伙人应如何清偿企业债务。

6. 教师组织发动全体学员讨论、评价各小组的学习情况,布置任务思考题。

三、导入案例解析

根据《合伙企业法》第四十三条的规定,新合伙人入伙,除合伙协议另有约定外,应当经全体合伙人一致同意,并依法订立书面入伙协议。因此,在本案中,丁入伙应当经甲、乙、丙三人一致同意,而本案中丙不同意,所以,丁的入伙无效,因此,按照合伙协议,30 万元损失应该由甲、乙、丙三人按实际的出资比例分担,即每人承担 10 万元损失。

四、知识拓展

《合伙企业法》对有限合伙人债务清偿的特殊规定如下。

根据《合伙企业法》第四十二条的规定,有限合伙人的自有财产不足清偿其与合伙企业无关的债务的,该合伙人可以以其从有限合伙企业中分取的收益用于清偿;债权人也可以依法请求人民法院强制执行该合伙人在有限合伙企业中的财产份额用于清偿。人民法院强制执行有限合伙人的财产份额时,应当通知全体合伙人。在同等条件下,其他合伙人有优先购买权。由此,有限合伙人清偿其债务时,首先应当以自有财产进行清偿,只有自有财产不足以清偿时,有限合伙人才可以使用其在有限合伙企业中分取的收益进行清偿,也只有在有限合伙人的自有财产不足以清偿其与合伙企业无关的债务时,人民法院才可以应债权人请求强制执行该合伙人在有限合伙企业中的财产份额用于清偿。人民法院强制执行有限合伙人的财产份额时,应当通知全体合伙人,且在同等条件下,其他合伙人有优先购买权。

五、任务思考

1. 入伙后新合伙人对企业入伙前债务应如何承担？
2. 退伙后原合伙人对企业既往债务应如何承担？
3. 法律对通知退伙有哪些限制性条件？

项目三　公司法

【项目目标】

完成本项目的学习后，你应该能：

1. 了解有限责任公司的主要特征及设立条件；
2. 把握一人有限责任公司的设立规定；
3. 理解有限责任公司与股份有限公司的异同；
4. 熟悉股份发行与转让的限制性规定。

【项目任务描述】

本项目分为了解有限责任公司的主要特征及设立条件、把握一人有限责任公司的设立规定、理解有限责任公司与股份有限公司的异同、熟悉股份发行与转让的限制性规定四个任务。通过本项目的学习与操作，能让学员了解有限责任公司的主要特征及设立条件；把握一人有限责任公司的设立规定；理解有限责任公司与股份有限公司的异同；熟悉股份发行与转让的限制性规定。通过学习，增强学员对本项目的学习兴趣，培养查阅资料、观察分析、调查研究的能力，达到学以致用的效果，同时提高学员的守纪、沟通、协作等职业素养。

任务一　了解有限责任公司的主要特征及设立条件

【导入案例】

甲、乙、丙、丁四人拟共同组建某有限公司，其中，甲打算以经评估机构评估为20万元的实物出资，乙打算以10万元出资，丙拟以劳务出资，丁拟以其土地使用权出资。

思考：甲、乙、丙、丁四人的出资方式是否符合法律规定？

一、学习准备

(一)知识准备

1. 有限责任公司的概念与特征

(1)有限责任公司的概念。

有限责任公司又称有限公司，是指由符合法定人数的股东依法所组成，股东仅以其出资额为限对公司债务承担有限责任的公司形式。

(2)有限责任公司的特征。

①有限责任公司股东以其认缴的出资额为限对公司债务承担有限责任，公司以其全部资产为限对外承担有限责任。

②有限责任公司以出资证明书证明股东出资份额。

③有限责任公司不能发行股票，不能公开募集资本。

④有限责任公司股东人数有最高限制。

⑤有限责任公司设立程序简便，其机构设置较为灵活。

2. 有限责任公司设立的条件

根据《中华人民共和国公司法》(以下简称《公司法》)的规定，设立有限责任公司，应当具备下列条件。

(1)股东符合法定人数。

根据《公司法》的规定，有限责任公司由50个以下股东出资设立。《公司法》对有限责任公司股东人数没有规定下限，有限责任公司股东人数可以为1个或50个以下股东，既可以是自然人，也可以是法人。

(2)有符合公司章程规定的全体股东认缴的出资额。

①关于注册资本。

有限责任公司的注册资本为在公司登记机关登记的全体股东认缴的出资额。法律、行政法规以及国务院决定对有限责任公司注册资本实缴、注册资本最低限额另有规定的，从其规定。

②关于股东出资方式。

股东可以用货币出资，也可以用实物、知识产权、土地使用权等可以用货币估价并可以依法转让的非货币财产作价出资；但是，法律、行政法规规定不得作为出资的财产除外。依照《中华人民共和国公司登记管理条例》(以下简称《公司登记管理条例》)第十四条的规定，劳务、信用、自然人姓名、商誉、特许权经营和设定担保的财产不可以用于出资。实物出资是指以房屋、机器设备、工具、原材料、零部件等有形资产的所有权出资。知识产权出资是指以无形资产，包括著作权、专利权、商标权、非专利技术等所有权出资。对作为出资的非货币财产应当评估作价，核实财产，不得高估或者低估作价。

(3)股东共同制定公司章程。

公司章程是记载公司组织、活动基本准则的公开性法律文件。设立有限责任公司必须由股东共同依法制定公司章程。股东应当在公司章程上签名、盖章；公司章程对公司、股东、董事、监事、高级管理人员均具有约束力。

(4)有公司名称，建立符合有限责任公司要求的组织机构。

公司的名称是公司的标志。公司设立自己的名称时，必须符合法律、法规的规定，并应当经过公司登记管理机关进行预先核准登记。公司应当设立符合有限责任公司要求的组织机构，即股东会、董事会或者执行董事、监事会或者监事等。

(5)有公司住所。

设立公司必须有住所。没有住所的公司，不得设立。公司以其主要办事机构所在地为住所。

(二)资料准备

1. 利用图书馆或网络，查阅下载《公司法》《公司登记管理条例》全文。

2. 利用图书馆、报纸杂志，查找有限责任公司的特征及设立条件书面资料。

3. 教师准备的资料单：两类公司现状资料及有限责任公司股东出资方式案例。

二、项目设计与项目实施

(一)项目设计

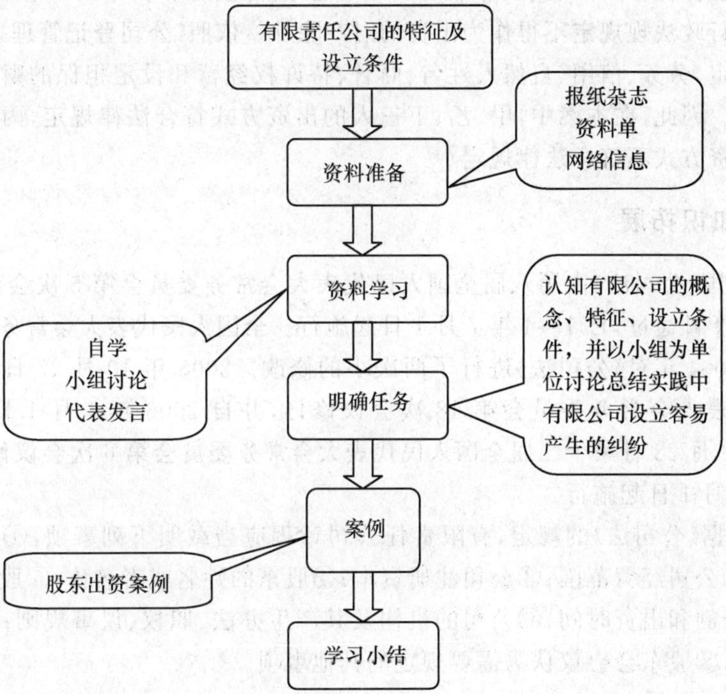

(二)项目实施

1. 安排学员课前通过图书馆、资料室、网络、实地调查等途径查找有限责任公司的特征及设立条件的有关资料。

2. 根据所收集的资料,组织学员讨论股东出资时易出现的问题。

3. 每位同学调查一家有限责任公司,分析其是否符合设立条件(重点调查其组织机构、公司章程),撰写调查报告。

4. 教师利用导入案例,引导学员如何正确出资。

5. 教师组织学习知识拓展,组织学员总结公司章程的主要内容,理解公司章程对公司运营的重要性。

6. 教师根据调查报告,评价学员的学习情况,布置任务思考题。

三、导入案例解析

根据《公司法》第二十七条的规定，股东可以用货币出资，也可以用实物、知识产权、土地使用权等可以用货币估价并可以依法转让的非货币财产作价出资；但是，法律、行政法规规定不得作为出资的财产除外。依照《公司登记管理条例》第十四条的规定，劳务、信用、自然人姓名、商誉、特许权经营和设定担保的财产不可以用于出资。因此，在本案中，甲、乙、丁三人的出资方式符合法律规定，丙拟以劳务出资的出资方式不符合法律规定。

四、知识拓展

1. 我国《公司法》由第八届全国人民代表大会常务委员会第 5 次会议于 1993 年 12 月 29 日通过，自 1994 年 7 月 1 日起施行。全国人民代表大会常务委员会于 1999 年、2004 年对《公司法》进行了两次小的修改。2005 年 10 月 27 日第十届全国人民代表大会常务委员会第 18 次会议修订，并自 2006 年 1 月 1 日起施行。2013 年 12 月 28 日第十二届全国人民代表大会常务委员会第 6 次会议修订，并自 2014 年 3 月 1 日起施行。

2. 根据《公司法》的规定，有限责任公司章程应当载明下列事项：①公司名称和住所；②公司经营范围；③公司注册资本；④股东的姓名或者名称；⑤股东的出资方式、出资额和出资时间；⑥公司的机构及其产生办法、职权、议事规则；⑦公司法定代表人；⑧股东会会议认为需要规定的其他事项。

五、任务思考

1. 有限责任公司的设立条件有哪些？
2. 有限责任公司章程应包含哪些内容？

任务二　把握一人有限责任公司的设立规定

【导入案例】

2014 年 12 月，郭某欲设立一销售钢琴的一人有限责任公司，遂向刘律师询问相关法律规定，刘律师的部分观点是：郭某只能投资设立一个一人有限责任公司，该一人有限责任公司不能投资设立新的一人有限责任公司；该一人有限责任公司不设股东会，由郭某行使股东会的权利；该一人有限责任公司应当在公司登记中注明自然人独资。

思考：刘律师的这些观点正确吗？

一、学习准备

（一）知识准备

1. 一人有限责任公司的概念

一人有限责任公司是指只有一个自然人股东或者一个法人股东的有限责任公司。

2. 一人有限责任公司的设立规定

根据《公司法》的规定，一人有限责任公司的设立和组织机构适用特别规定，没有特别规定的，适用有限责任公司的相关规定。这些特别规定，具体包括以下五个方面。

(1)一个自然人只能投资设立一个一人有限责任公司，该一人有限责任公司不能投资设立新的一人有限责任公司。

(2)一人有限责任公司应当在公司登记中注明自然人独资或者法人独资，并在公司营业执照中载明。

(3)一人有限责任公司不设股东会。法律规定的股东会职权由股东行使，当股东行使相应职权作出决定时，应当采用书面形式，并由股东签字后置备于公司。

(4)一人有限责任公司应当在每一会计年度终了时编制财务会计报告，并经会计师事务所审计。

(5)一人有限责任公司的股东不能证明公司财产独立于股东自己财产的，应当对公司债务承担连带责任。

（二）资料准备

1. 利用图书馆或网络，查阅《公司法》第五十七条至第六十三条。

2. 利用图书馆、报纸杂志，查找一人有限责任公司设立规定书面资料。

3. 教师准备的资料单：一人有限责任公司现状等有关资料。

二、项目设计与项目实施

(一)项目设计

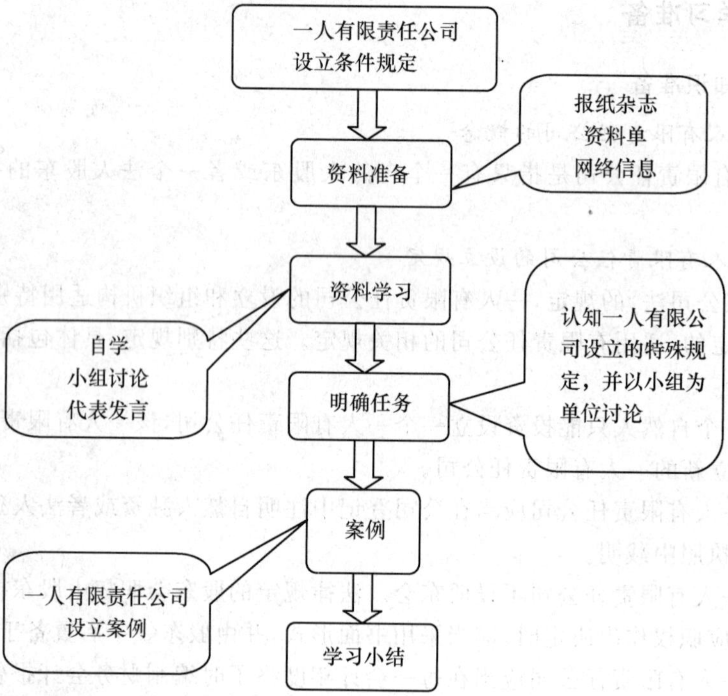

(二)项目实施

1. 安排学员课前通过图书馆、资料室、网络、实地调查等途径查找一人有限责任公司设立条件的有关资料。

2. 根据所收集的资料，组织学员讨论一人有限责任公司如何规范运营。

3. 分析设立一人有限责任公司应注意的问题。

三、导入案例解析

根据《公司法》的规定，一个自然人只能投资设立一个一人有限责任公司，该一人有限责任公司不能投资设立新的一人有限责任公司。一人有限责任公司应当在公司登记中注明自然人独资或者法人独资，并在公司营业执照中载明。一人有限责任公司不设股东会。法律规定的股东会职权由股东行使，当股东行使相应职权作出决定时，应当采用书面形式。因此，在本案中，刘律师的这些观点是正确的。

四、知识拓展

依据《公司法》的规定，除国有独资公司外，有限责任公司的组织机构通常为股东会、董事会和监事会；但股东人数较少或经营规模较小的有限责任公司，也可以不设董事会和监事会，而只设1名执行董事和1～2名监事。

五、任务思考

1. 一人有限责任公司的设立条件有哪些？

2. 你认为一人有限责任公司如何才能高效运营？

任务三 理解有限责任公司与股份有限公司的异同

【导入案例】

2015年1月，甲、乙、丙、丁四人拟发起设立一股份有限公司，遂向刘律师询问相关法律规定，刘律师的部分观点是：该公司注册资本最低限额为人民币500万元；该公司可不设董事会，设一名执行董事。

思考：刘律师的这些观点正确吗？

一、学习准备

（一）知识准备

1. 有限责任公司与股份有限公司的共同点

(1)股东都对公司承担有限责任。无论是在有限责任公司中，还是在股份有限公司中，股东都对公司承担有限责任，“有限责任”的范围，都是以股东的投资额为限。

(2)股东的财产与公司的财产是分离的，股东将财产投资公司后，该财产即构成公司的财产，股东不再直接控制和支配这部分财产，即使公司出现资不抵债的情况，股东也只以其对公司的投资额承担责任，不再承担其他的责任。

(3)有限责任公司和股份有限公司对外都是以公司的全部资产承担责任。也就是说，公司对外也是只承担有限的责任，“有限责任”的范围，就是公司的全部资产，除此之外，公司不再承担其他的财产责任。

2. 有限责任公司与股份有限公司的不同点

(1)股东的数量不同。有限责任公司的股东1人以上50人以下。而股份有限公司的发起人为1人以上200人以下,其他股东则没有数量的限制。

(2)股本的划分方式不同。有限责任公司的股份不必划为等额股份,其资本按股东各自所认缴的出资额划分。而股份有限公司的股票必须是等额的,其股本的划分,数额较小,每一股金额相等。

(3)两种公司的股权证明形式不同。在有限责任公司中,股东的股权证明是出资证明书,出资证明书不能转让、流通。在股份有限公司中,股东的股权证明是股票,即股东所持有的股份是以股票的形式来体现,股票是公司签发的证明股东所持股份的凭证,股票可以转让、流通。

(4)设立程序不同。有限责任公司的设立程序简单,而股份有限公司的设立程序复杂。

(5)发起人筹集资金的方式不同。有限责任公司只能由发起人集资,不能向社会公开募集资金,其股权不可以公开发行,更不可能上市交易。而股份有限公司可以通过发起或募集设立向社会筹集资金,其股票可以公开发行并上市交易。

(6)股份转让的条件限制不同。有限责任公司的股东之间可以相互转让其全部或者部分股权。股东向股东以外的人转让股权,应当经其他股东过半数同意。经股东同意转让的股权,在同等条件下,其他股东有优先购买权。而股份有限公司股东持有的股份可以依法转让,股东转让其股份,应当在依法设立的证券交易场所进行或者按照国务院规定的其他方式进行。对发起人、董事、经理、监事和高级管理人员股份的转让有严格限制。

(7)公司组织机构的权限不同。股东人数较少或者规模较小的有限责任公司,可以不设董事会,设一名执行董事;还可以不设监事会,设1～2名监事。董事会或执行董事往往由股东个人兼任,机动性权限较大。而股份有限公司组织机构必须设立股东大会、董事会和监事会。因为股东人数较多而相对分散,所以股东大会使用的权限受到一定限制,董事会的权限较集中。

(8)财务状况公开程度不同。有限责任公司的财务状况,只需按公司章程规定的期限交各股东即可,无须公告和备查,财务状况相对保密。而股份有限公司,由于其设立程度复杂,并且要定期公布财务状况,相比较难以操作和难以保密。

(二)资料准备

1. 利用图书馆或网络,查阅《公司法》第七十六条至第一百一十九条。

2. 教师准备的资料单:有限责任公司与股份有限公司的异同相关资料。

二、项目设计与项目实施

(一)项目设计

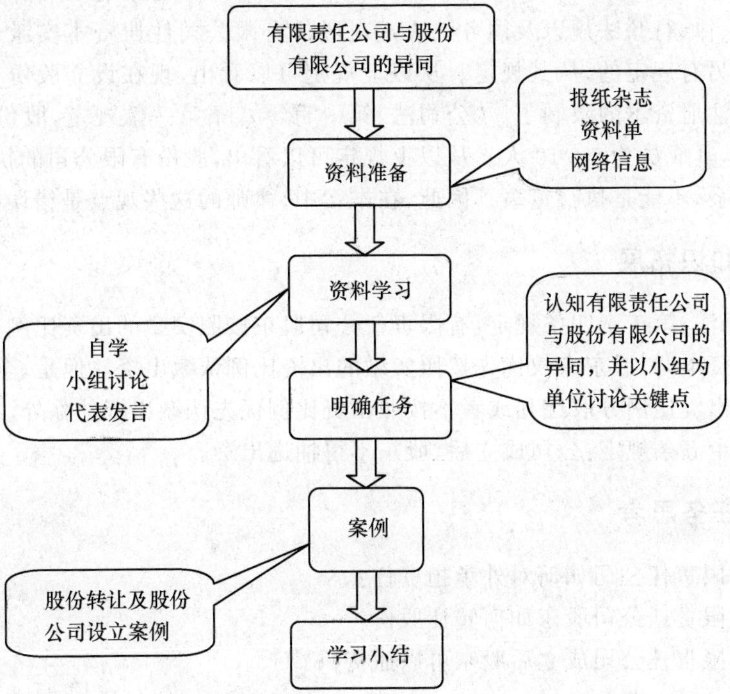

(二)项目实施

1. 安排学员课前通过图书馆、资料室、网络、实地调查等途径查找有限责任公司运行有关资料。

2. 根据所收集的资料,组织学员讨论有限责任公司股东如何对公司承担责任。

3. 根据所收集的资料,组织学员讨论有限责任公司股东如何对外承担责任。

4. 组织学员总结有限责任公司股东与个人独资企业、合伙企业投资人在对外责任承担方面有何本质区别。

5. 教师利用导入案例,引导学员了解股份有限公司的设立和组织机构。

6. 教师评价学员的学习情况,布置任务思考题。

三、导入案例解析

根据《公司法》第八十条第一款的规定，股份有限公司采取发起设立方式设立的，注册资本为在公司登记机关登记的全体发起人认购的股本总额；第八十条第三款规定，法律、行政法规以及国务院决定对股份有限公司注册资本实缴、注册资本最低限额另有规定的，从其规定。从以上规定可以看出，现在设立股份有限公司，已经没有注册资本的限制了。《公司法》第一百零八条第一款规定，股份有限公司设董事会，其成员为5～19人。从以上规定可以看出，股份有限公司的执行机构必须是董事会，不能是执行董事。因此，在本案中，律师的这些观点是错误的。

四、知识拓展

《公司法》第三十四条规定：有限责任公司股东按照实缴的出资比例分取红利；公司新增资本时，股东有权优先按照实缴的出资比例认缴出资。但是，全体股东约定不按照出资比例分取红利或者不按照出资比例优先认缴出资的除外。

第三十五条规定：公司成立后，股东不得抽逃出资。

五、任务思考

1. 有限责任公司如何对外承担责任？
2. 有限责任公司股东如何转让股份？
3. 有限责任公司成立后股东可以撤资吗？

任务四　熟悉股份发行与转让的限制性规定

【导入案例】

2014年10月1日，南极股份有限公司在深交所上市。2015年1月2日，公司召开股东大会，这次股东大会通过以下决议：①公司董事、监事、高级管理人员持有本公司股份在任职期间可以转让；②公司董事、监事、高级管理人员离职后1年内，不得转让其所持有的本公司股份；③决定与北极股份有限公司联合开发房地产，并要求北极股份有限公司以其所持有的南极股份有限公司的股票作为履行合同的质押担保。

思考：股东大会通过的这些决议符合法律规定吗？

一、学习准备

(一)知识准备

1. 股份发行的概念及相关知识

股份发行是股份有限公司为了募集资本而出售或分配自己股份的行为。股份是股份有限公司资本的最基本的构成单位。股份有限公司的股份采用股票的形式。股份的发行可以分为设立发行和新股发行两类。设立发行是股份有限公司在设立过程中发行的股份,这是公司第一次发行的股份。新股发行是股份有限公司在成立之后发行的股份,是指公司在第一次发行股份以后的各次发行。

(1)股份发行的原则。

股份发行必须坚持“公开”“公平”“公正”的“三公”原则;必须坚持同股同权,每一股份的股东权益必须相等。同次发行的股票,每股的发行条件和价格应当相同,任何单位或者个人所认购的股份,每股应当支付相同价额。

(2)股份发行的价格。

股票发行价格可以按票面金额,也可以超过票面金额,但不得低于票面金额。以超过票面金额为股票发行价格的,须经国务院证券管理部门批准,所得溢价收入应列入股份有限公司资本公积金。

(3)新股发行条件。

①前一次发行的股份已经募足,并且间隔1年以上;公司在最近3年内连续盈利,并可向股东支付股利(公司以当年利润分派新股,可不受此条限制)。

②公司在最近3年内财务会计文件无虚假记载。

③公司预期利润率可达同期银行存款利率。

2. 股份转让的限制

(1)对发起人转让股份的限制。

根据《公司法》的规定,发起人持有的本公司股份,自公司成立之日起1年内不得转让。

(2)对公司董事、监事、高级管理人员转让股份的限制。

根据《公司法》的规定,公司董事、监事、高级管理人员应当向公司申报所持有的本公司的股份及其变动情况,在任职期间每年转让的股份不得超过其所持有本公司股份总数的25%;所持本公司股份自公司股票上市交易之日起1年内不得转让。上述人员离职后半年内,不得转让其所持有的本公司股份。公司章程可以对公司董事、监事、高级管理人员转让其所持有的本公司股份作出其他限制性规定。

上市公司的董事、监事和高级管理人员除遵守上述规定外，还应遵守《上市公司董事、监事和高级管理人员所持本公司股份及其变动管理规则》(以下简称《管理规则》)的规定。根据《管理规则》的规定，上市公司董事、监事和高级管理人员在任职期间，每年通过集中竞价、大宗交易、协议转让等方式转让的股份不得超过其所持本公司股份总数的25%，因司法强制执行、继承、遗赠、依法分割财产等导致股份变动的除外。上市公司董事、监事和高级管理人员所持股份不超过1 000股的，可一次全部转让，不受上述转让比例的限制。

上市公司董事、监事和高级管理人员在下列期间不得买卖本公司股票：①上市公司定期报告公告前30日内；②上市公司业绩预告、业绩快报公告前10日内；③自可能对本公司股票交易价格产生重大影响的重大事项发生之日或在决策过程中，至依法披露后2个交易日内；④证券交易所规定的其他期间。

(3)对公司收购自身股票的限制。

根据《公司法》的规定，公司不得收购本公司股份。但是，有下列情形之一的除外：①减少公司注册资本；②与持有本公司股份的其他公司合并；③将股份奖励给本公司职工；④股东因对股东大会作出的公司合并、分立决议持异议，要求公司收购其股份的。公司因上述第①项至第③项的原因收购本公司股份的，应当经股东大会决议。公司依照上述规定收购本公司股份后，属于第①项情形的，应当自收购之日起10日内注销；属于第②项、第④项情形的，应当在6个月内转让或者注销。公司依照上述第③项规定收购的本公司股份、不得超过本公司已发行股份总额的5%；用于收购的资金应当从公司的税后利润中支出；所收购的股份应当在1年内转让给职工。

(4)对公司股票质押的限制。

根据《公司法》的规定，公司不得接受本公司的股票作为质押权的标的。

(二)资料准备

1. 利用图书馆或网络，查阅《公司法》第一百二十五条至第一百四十五条。

2. 打开东方财富网，找3只股票，对这3只股票行情和公司情况有一个初步认识。

3. 教师准备的资料单：股份发行与转让的相关文章、案例；我国当前股市的相关资料。

二、项目设计与项目实施

(一)项目设计

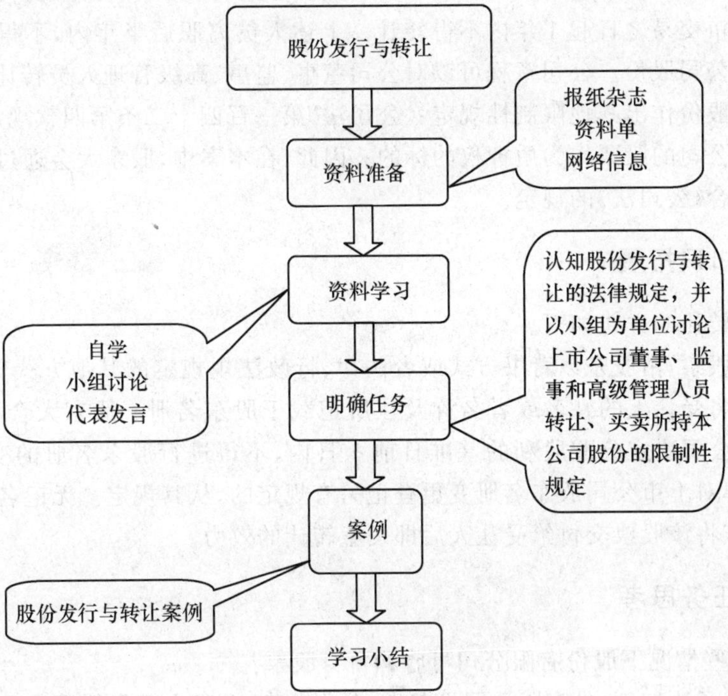

(二)项目实施

1. 安排学员课前通过图书馆、资料室、网络、实地调查等途径查找股份发行与转让有关资料。

2. 根据所收集的资料，组织学员讨论上市公司的董事、监事和高级管理人员如何转让所持的本公司股份。

3. 根据所收集的资料，组织学员讨论发起人如何转让所持的本公司股份。

4. 教师组织学员学习知识拓展内容，了解股份转让方式。

5. 教师利用导入案例，引导学员掌握股份转让限制性规定。

6. 教师评价学员的学习情况，布置任务思考题。

三、导入案例解析

根据《公司法》第一百四十一条第一款的规定，发起人持有的本公司股份，自公司成立之日起1年内不得转让。公司公开发行股份前已发行的股份，自公司股票在证券交易所上市交易之日起1年内不得转让；该条第二款规定，公司董事、监事、高级管理人员应当向公司申报所持有的本公司的股份及其变动情况，在任职期间每年转让的股份不得超过其所持有本公司股份总数的25%；所持本公司股份自公司股票上市交易之日起1年内不得转让。上述人员离职后半年内，不得转让其所持有的本公司股份。公司章程可以对公司董事、监事、高级管理人员转让其所持有的本公司股份作出其他限制性规定；《公司法》第一百四十二条第四款规定，公司不得接受本公司的股票作为质押权的标的。因此，在本案中，股东大会通过的这些决议均不符合《公司法》的规定。

四、知识拓展

股份转让的方式如下。

记名股票，由股东以背书方式或者法律、行政法规规定的其他方式转让，转让后由公司将受让人的姓名或者名称及住所记载于股东名册。股东大会召开前20日内或者公司决定分配股利的基准日前5日内，不得进行股东名册的变更登记。但是，法律对上市公司股东名册变更登记另有规定的，从其规定。无记名股票的转让，由股东将该股票交付给受让人后即发生转让的效力。

五、任务思考

1. 哪些情况下股份有限公司可收购自身股票？

2.《公司法》对股份有限公司发起人、公司董事、监事和高级管理人员转让所持本公司股份有哪些限制性规定？

项目四　代理制度

【项目目标】

完成本项目的学习后，你应该能：

1. 知晓代理的适用范围；
2. 掌握代理权行使规则及滥用代理权的认定；
3. 了解无权代理的表现及效力。

【项目任务描述】

本项目分为知晓代理的适用范围、掌握代理权行使规则及滥用代理权的认定、了解无权代理的表现及效力三个任务。通过本项目的学习与操作，能让学员清楚代理的适用范围、正确行使代理权、了解无权代理的表现及效力。通过学习，增强学员对本项目的学习兴趣，提高学员的动手能力、观察分析能力、沟通协作能力，提升职业素养，维护自身合法权益。

任务一　知晓代理的适用范围

【导入案例】

河北省蔚县被誉为“中国剪纸艺术之乡”。2014 年 3 月 1 日，张家口市某婚庆公司与蔚县某村魏老太签订了一份合同，合同约定：婚庆公司以 5 万元的价格收购由魏老太亲手制作规定图案的剪纸作品 1 万件，于 2014 年 8 月 31 日完成，婚庆公司预付定金1万元，其余尾款交货时一次付清。2014年6月20日，魏老太不幸发生车祸，其儿媳代为完成了4 000件剪纸作品。交货时婚庆公司发现了该问题，提出：①公司只收购魏老太制作的剪纸作品6 000件；②魏老太双倍返还定金。双方未能达成一致，诉至人民法院。

思考：

1. 魏老太的儿媳的代理行为是否有效？

2. 人民法院会如何处理本案？

一、学习准备

（一）知识准备

1. 代理的概念

《中华人民共和国民法通则》（以下简称《民法通则》第六十三条第二款规定："代理人在代理权限内，以被代理人的名义实施民事法律行为。被代理人对代理人的代理行为，承担民事责任。"根据此条规定，代理是指代理人根据代理权，以被代理人的名义与第三人实施民事法律行为，而后果由被代理人承担的行为。在代理关系中，依据代理权代替他人实施民事法律行为的人称为代理人；被他人代为实施民事法律行为，承担民事法律行为后果的人称为被代理人；同代理人为民事法律行为的人称为第三人或相对人。

2. 代理的适用范围

《民法通则》第六十三条第一款规定："公民、法人可以通过代理人实施民事法律行为"，同时该条第三款又规定："依照法律规定或者按照双方当事人约定，应当由本人实施的民事法律行为，不得代理。"通常认为，代理的适用范围包括：①代理各种民事法律行为，这是最普遍的代理行为，如代签合同、代理承揽、代理履行债务等；②代理实施某些财政、行政行为，如代理专利申请、商标注册，代理缴税，代理法人成立、变更、注销登记等；③代理民事诉讼行为。

尽管代理的适用范围很广，但还是受法律规定和当事人约定的限制，具体包括：①具有人身性质的民事法律行为不得代理。具有人身性质的民事行为因为和自然人的知识水平、思想感情、工作能力等密切联系，和自然人的人身不可分割，所以不能适用代理。如订立遗嘱、婚姻登记及解除婚姻关系等行为等。②被代理人无权进行的行为不得代理。代理人所代理的行为必须是被代理人有权进行的，这是代理行为的前提。内容违法的民事行为和侵权行为都不能代理，不产生代理权和代理后果。③双方当事人约定应由本人亲自实施的民事行为不适用代理。双方当事人约定必须由本人亲自实施的行为，必须遵从约定，不适用代理。如在加工承揽合同中，如果约定必须由加工人亲自完成加工承揽任务，那么加工人就必须亲自工作而不能委托他人代为完成。《最高人民法院关于贯彻执行〈中华人民共和国民法通则〉若干问题的意见》(以下简称《关于贯彻执行〈中华人民共和国民法通则〉若干问题的意见》)第七十八条的规定，凡是依法或者依双方的约定必须由本人亲自实施的民事行为，本人未亲自实施的，应当认定行为无效。

(二)资料准备

1. 利用图书馆或网络，查阅《民法通则》第六十三条及《关于贯彻执行〈中华人民共和国民法通则〉若干问题的意见》第七十八条、第七十九条。

2. 总结日常生活中的代理行为。

二、项目设计与项目实施

(一)项目设计

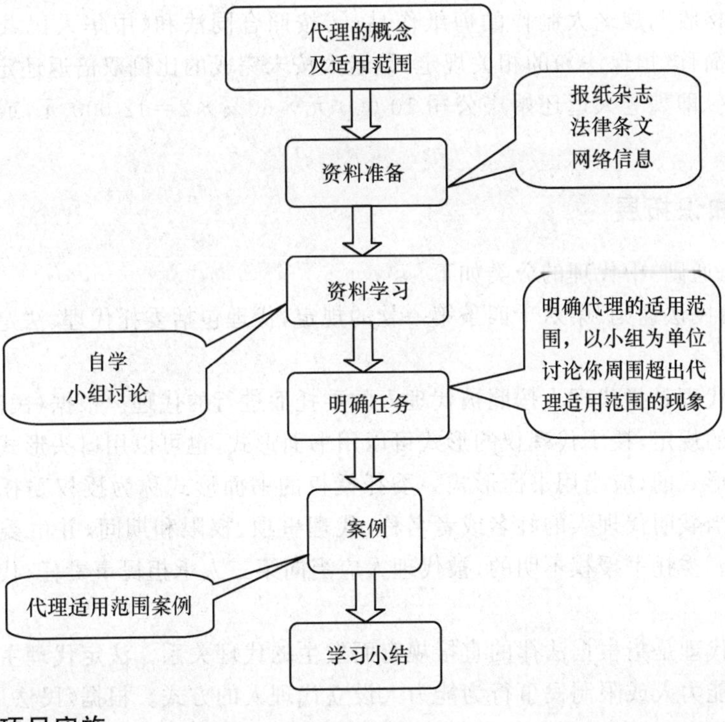

(二)项目实施

1. 安排学员课前通过图书馆、资料室、网络、实地调查等途径查找代理的适用范围有关资料。

2. 根据所收集的资料，组织学员讨论总结日常生活、生产实践中超出代理适用范围的现象。

3. 教师组织学员学习知识拓展内容，了解代理的分类，掌握指定代理的权利人范围，列举一个生活中的实例。

4. 教师利用导入案例，引导学员理解代理的适用范围，教师评价学员的学习情况，布置任务思考题。

三、导入案例解析

1.《民法通则》第六十三条第一款规定，公民、法人可以通过代理人实施民事法律行为。同时该条第三款又规定“依照法律规定或者按照双方当事人约定，应当由本人实施的民事法律行为，不得代理”。所以，本案中魏老太儿媳的代理行为是无效的，不能得到法律上的支持，婚庆公司拒收其制作的剪纸作品是正当的。

2. 人民法院会根据本案的事实，本着公平合理的原则，作出裁决：①婚庆公司按约定价格收购魏老太制作的剪纸作品；②按照合同法和《中华人民共和国担保法》(以下简称《担保法》)的相关规定，魏老太按未完成的比例双倍返还定金或从价款中扣除。即魏老太返还婚庆公司 10 000 元×60%×2＝12 000 元，或从价款中扣除。

四、知识拓展

《民法通则》中代理的分类如下。

根据《民法通则》第六十四条第一款的规定，代理包括委托代理、法定代理和指定代理。

委托代理是指代理人按照被代理人的委托而进行的代理。根据《民法通则》第六十五条的规定，授予代理权的形式可以用书面形式，也可以用口头形式。法律规定用书面形式的，应当用书面形式。委托授权的书面形式称为授权委托书。授权委托书应当载明代理人的姓名或者名称、代理事项、权限和期间，并由委托人签名或者盖章。委托书授权不明的，被代理人应当向第三人承担民事责任，代理人负连带责任。

法定代理是指根据法律的直接规定而发生的代理关系。法定代理主要是为无民事行为能力人或限制民事行为能力人设立代理人的方式。根据《民法通则》第十四条的规定，无民事行为能力人、限制民事行为能力人的监护人是他的法定代理人。这一规定就是为他们设定法定代理人的法律依据。监护人代理被监护人为民事法律行为，实现和保护被监护人的合法权益，这是监护人的一项重要职责。所以，监护人也是被监护人的法定代理人。

指定代理是指代理人根据人民法院或者指定机关的指定而进行的代理。指定代理是在没有委托代理人和法定代理人的情况下，为无民事行为能力人和限制民事行为能力人设立的代理。根据《民法通则》第十六条、第十七条的规定，有权指定代理人的：一是人民法院；二是未成年人的父母所在单位或者精神病人的所在单位；三是未成年人或精神病人住所地的居民委员会或村民委员会。

五、任务思考

1. 哪些单位有权指定代理人？
2. 哪些情形不适用代理？

任务二 掌握代理权行使规则及滥用代理权的认定

【导入案例】

甲行政机关依法委托专门从事政府采购代理业务的乙公司代理采购一批专用设备，并授权乙公司与中标供应商签订采购合同。乙公司在与中标供应商签订采购合同时，双方秘密商定，乙公司在若干合同条款上对中标的供应商予以照顾，中标供应商作为答谢提供给乙公司一批办公设备。

思考：由此给甲行政机关造成的损失应由谁承担责任？

一、学习准备

（一）知识准备

1. 代理权行使规则

代理权的行使是指代理人在代理权限内，以被代理人的名义实施民事法律行为，已达到被代理人所希望的或者客观上符合被代理人利益的法律效果。代理制度的核心内容是代理权。根据《民法通则》和有关司法解释的规定，代理人在行使代理权的过程中应当遵守以下规则。

(1)行使代理权必须符合被代理人的利益，违反此准则，即构成滥用代理权的行为。代理人应从维护被代理人的利益出发，争取在对被代理人最为有利的情况下完成代理行为。

(2)行使代理权必须在被授权的范围内进行，否则，构成无权代理。《民法通则》第六十三条第二款、第六十四条第二款都规定了代理人应当在代理权限内进行代理行为,完成代理任务。代理人非经被代理人的同意,不得擅自扩大、变更代理权限。代理人超越或变更代理权限所做出的行为,非经被代理人追认,对被代理人不发生法律效力,由此给被代理人造成损失,代理人还应当承担赔偿责任。为了防止利用代理进行违法犯罪活动,《民法通则》第六十七条规定,代理人知道被代理人代理的事项违法仍然进行代理活动的,或者被代理人知道代理人的代理行为违法不表示反对的,由代理人和被代理人负连带责任。

(3)应以被代理人的名义进行代理活动,否则,构成无权处分或其他性质的行为。

(4)代理人应亲自为代理行为,否则,构成擅自转委托行为。

(5)代理人应积极行使代理权,尽勤勉和谨慎的义务。代理人只有积极行使代理权、尽勤勉和谨慎的义务,才能实现和保护被代理人的利益。第一,代理人应认真工作,尽相当的注意义务。第二,在委托代理中,代理人应根据被代理人的指示进行代理活动,代理人具有遵守被代理人指示的义务,代理人不遵守指示给被代理人造成损失的,代理人应承担赔偿责任。第三,代理人应尽到报告和保密的义务。若代理人未尽到职责,给被代理人造成损失的,代理人应承担相应的民事责任。

2. 滥用代理权的认定

(1)滥用代理权的概念和认定条件

滥用代理权是指代理人行使代理权时,违背代理权的设定宗旨和代理行为的基本准则,有损被代理人利益的行为。根据《民法通则》的有关规定,代理人滥用代理权的,其行为视为无效行为,给被代理人及他人造成损失的,应当承担相应的赔偿责任。

(2)滥用代理权的主要类型

一般来说,滥用代理权包括以下三种类型。

①自己代理。

自己代理是指代理人以被代理人名义与自己进行民事行为。在这种情况下,代理人同时为代理关系中的代理人和第三人,交易双方的交易行为实际上只由一个人实施。自己代理难以避免发生代理人为自己利益而牺牲被代理人利益的情况。

②双方代理。

双方代理又称同时代理,是指一人同时担任双方的代理人为民事行为。在通常情况下,双方代理由于没有第三人参加进来,交易由一人包办,一个人同时代表双方利益,难免顾此失彼,难以达到双方的利益平衡。

③代理人和第三人恶意串通,进行损害被代理人利益的行为。

代理人的职责是为被代理人进行一定的民事法律行为,维护被代理人的利益。代理人与第三人恶意串通损害被代理人的利益，显然与其职责不相称，违背了代理关系中被代理人对代理人的信任，属于滥用代理权的表现，与代理制度的宗旨不符。

代理人和第三人恶意串通，损害被代理人利益的行为是无效民事行为。其代理行为的后果被代理人不予承受。恶意串通是指代理人和第三人之间存在通谋。损害被代理人的利益是指实际造成了被代理人财产利益的损失。是否造成了被代理人的损失，应依客观标准确定。《民法通则》第六十六条第三款的规定，代理人和第三人串通，损害被代理人的利益的，由代理人和第三人负连带责任。如果代理人和第三人之间不存在损害被代理人利益的通谋，则不负连带责任。

(二)资料准备

1. 利用图书馆或网络，以及报纸杂志，查阅如何正确行使代理权的资料。
2. 查找滥用代理权的案例。
3. 教师准备的资料单：关于如何正确行使代理权及滥用代理权的资料、案例等。

二、项目设计与项目实施

(一)项目设计

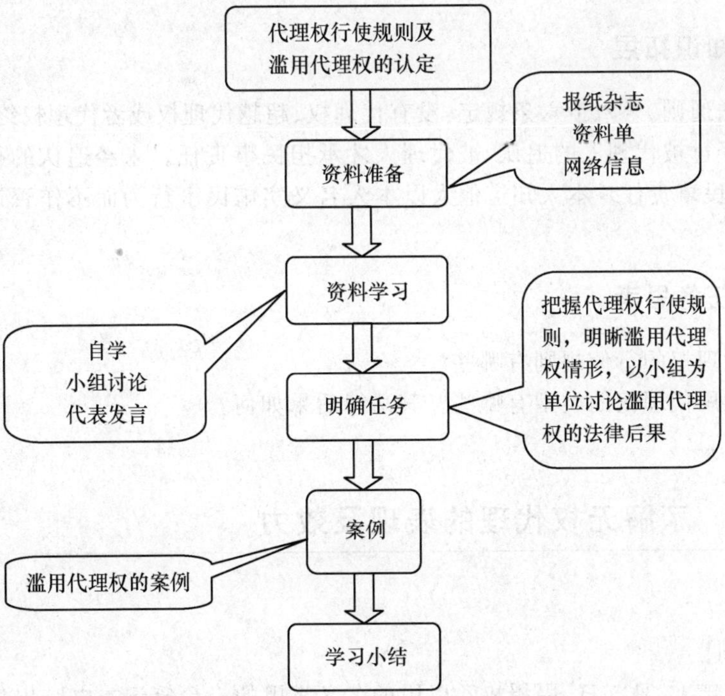

(二)项目实施

1. 安排学员课前通过图书馆、资料室、网络、实地调查等途径查找代理权行使规则及滥用代理权有关资料。

2. 根据所收集的资料,组织学员总结日常生活、生产实践中滥用代理权的现象。

3. 教师利用导入案例,组织学员运用所学知识,分析日常生活、生产实践中滥用代理权的法律后果。

4. 教师组织学员学习知识拓展内容,理解该条款的适用。

5. 教师评价学员的学习情况,布置任务思考题。

三、导入案例解析

在导入案例中,乙公司代理签订合同的行为无效,给甲行政机关造成的损失应由乙公司再与中标的供应商承担连带责任。乙公司在行使代理权时,利用代理权牟取私利,其行为属于代理人与第三人恶意串通损害被代理人利益的滥用代理权行为。根据《民法通则》的有关规定,代理人滥用代理权的,其行为视为无效行为,给被代理人及他人造成损失的,应当承担相应的赔偿责任。代理人和第三人串通,损害被代理人的利益的,由代理人和第三人负连带责任。

四、知识拓展

《民法通则》第六十六条规定:没有代理权、超越代理权或者代理权终止后的行为,只有经过被代理人的追认,被代理人才承担民事责任。未经追认的行为,由行为人承担民事责任。本人知道他人以本人名义实施民事行为而不作否认表示的,视为同意。

五、任务思考

1. 代理权的行使规则有哪些?

2. 滥用代理权的类型有哪些?其法律后果如何?

任务三 了解无权代理的表现及效力

【导入案例】

2014 年 12 月 5 日,甲授权乙以甲的名义将甲的一台笔记本电脑出售,价格不得低于 6 000 元。乙的好友丙欲以 5 000 元的价格购买。乙遂对丙说:“大家都是好朋友,甲说最低要 6 000 元,但我想 5 000 元卖给你,他肯定也会同意的。”乙遂以甲的名义以 5 000 元将笔记本电脑卖给丙。

思考:该买卖行为是否有效?为什么?

一、学习准备

(一)知识准备

1. 无权代理的概念

代理人不具有代理权,但以本人的名义与第三人进行民事活动的,称为无权代理。

无权代理的特征包括:①行为人所实施的民事法律行为,符合代理行为的表面特征,即以本人的名义独立地对第三人为意思表示,并将其行为的法律后果直接归属于他人;②行为人实施的代理行为不具有代理权。没有代理权包括未经授权、超越代理权和代理权终止三种情况;③无权代理行为并非绝对不能产生代理的法律效果。由于无权代理的行为未必对本人或相对人不利,同时为了维护交易安全和保护善意第三人的利益,无权代理行为应属效力未定的民事行为,在经本人追认的情况下,无权代理变成有权代理,能产生代理的法律效果。

2. 无权代理的表现

(1)行为人自始没有代理权。

即行为人既未基于授权行为取得委托代理权,也未基于人民法院或有关机关的指定取得指定代理权或基于法律的直接规定取得法定代理权,但行为人却以本人的名义与第三人实施民事法律行为。

(2)行为人超越代理权。

即行为人享有代理权,但他超越代理权与第三人实施民事行为。行为人超越代理权与授权不明不同。在超越代理权中,委托人授权是明确的,但行为人不顾委托人明确的授权与第三人进行授权范围以外的民事行为。因此,授权不明的法律后果应由委托人承担,而超越代理权的行为除本人承认或追认的外,应由行为人承担。

(3)代理权终止后的代理。

在委托代理中,如果代理权期限已届满,或委托事务已完成,或委托人取消委托,或代理人辞去委托等,委托代理权终止;在法定代理中,如果本人成年或恢复民事行为能力等,法定代理权终止;在指定代理中,如果指定机关撤销指定等,指定代理权亦终止。在代理权终止以后,行为人仍以代理人的名义与第三人进行民事行为，则属于代理权终止以后的代理。这种代理因行为人无代理权而成为无权代理。

3. 无权代理的效力

无权代理处于效力不确定状态。这种不确定状态表现为：首先，本人必须以意思追认。其次，在本人追认之前，相对第三人可以撤回与行为人所为的意思表示，也可以催告本人予以追认。如果得不到本人的追认，第三人也不撤回其意思表示，行为人则应承担相应的民事责任。

(1)本人的追认。

根据《民法通则》的规定，对于无权代理行为，只有经过本人追认，无权代理的后果才对本人发生效力。所谓追认，是指本人对无权代理行为事后承认的单方行为。此外，本人应在第三人行使撤回权以前追认，若第三人已经撤回，则本人的追认不发生法律效力。根据《中华人民共和国合同法》(以下简称《合同法》)的规定，行为人没有代理权、超越代理权或者代理权终止后以被代理人名义订立的合同，未经被代理人追认，对被代理人不发生效力，由行为人承担责任，但相对人有理由相信行为人有代理权的，该代理行为有效。

(2)第三人的催告和撤销。

第三人具有催告权和撤销权是与本人的追认权相对应的，是为了维护善意相对人的利益。根据权利与义务相一致及对等的原则，无权代理行为的相对人(即第三人)在本人对无权代理行为作出追认之前，应享有催告权和撤销权。为了积极有效地保护第三人的利益，应赋予第三人催告本人在一定期限内作出是否追认的意思表示或者主动撤销其与无权代理人所为的法律行为的权利，而不是仅仅被动地等待本人的追认。

(二)资料准备

1. 利用图书馆或网络，查阅《民法通则》第一条至第十五条及《合同法》第四十七条至第五十条无权代理条款。

2. 想一想在日常生活中无权代理的案例。

3. 教师准备的资料单：关于无权代理及其法律效力的资料、案例等。

二、项目设计与项目实施

(一)项目设计

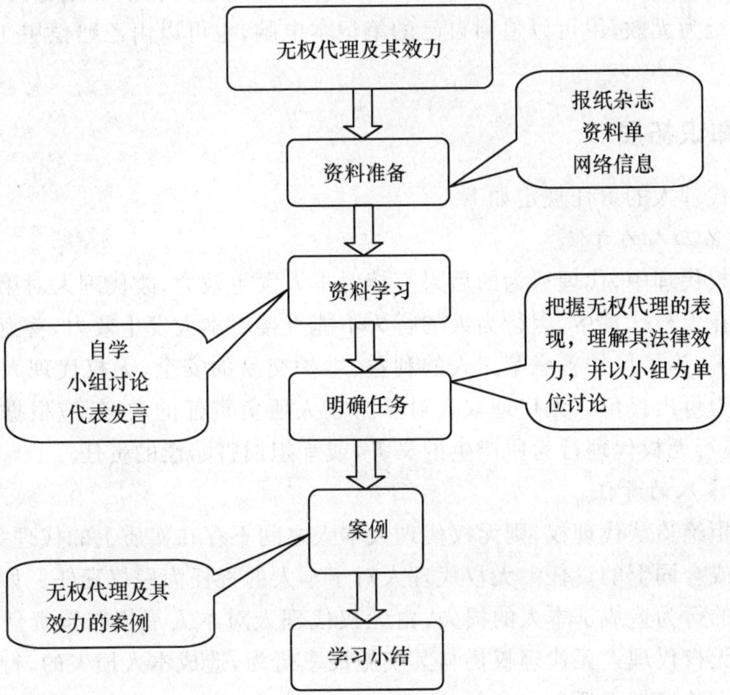

(二)项目实施

1. 安排学员课前通过图书馆、资料室、网络、实地调查等途径查找无权代理及其效力有关资料。

2. 根据所收集的资料，组织学员总结日常生活、生产实践中无权代理的表现。

3. 教师利用导入案例，组织学员运用所学知识，分析日常生活、生产实践中无权代理的法律后果。

4. 教师组织学员学习知识拓展内容，理解无权代理行为人的责任。

5. 教师评价学员的学习情况，布置任务思考题。

三、导入案例解析

本案中乙以甲的名义将甲的一台笔记本电脑低于授权价格出售的行为，属于无权代理，该行为的效力待定。根据《合同法》第四十八条第一款的规定，行为人没有代理权、超越代理权或者代理权终止后以被代理人名义订立的合同,未经被代理人追认,对被代理人不发生效力,由行为人承担责任,但相对人有理由相信行为人有代理权的,该代理行为有效。本案中,如果甲追认了乙的行为,则乙的行为有效,买卖行为成立;反之,如果甲未追认乙的行为,且丙无理由相信乙是有代理权的,则乙的代理行为无效,甲可以追回自己的笔记本电脑,也可以由乙赔偿甲 1 000 元的损失。

四、知识拓展

无权代理人的责任规定如下。

1. 对第三人的责任

在有权代理中,代理行为的后果直接对本人发生效力,故代理人对第三人不负责任。而在无权代理中,因行为人的行为不能直接对本人发生效力,善意第三人难免遭受损害,为了保护善意第三人的利益,维护交易的安全,无权代理人就必须为自己的行为付出代价。无代理权人对于第三人所负责任的内容,应根据第三人的选择,或履行无权代理行为所产生的义务,或承担损害赔偿的责任。

2. 对本人的责任

本人拒绝追认代理权,则无权代理人本人之间不存在实质上的代理关系,也无合同关系或合同上的责任。无权代理人对于本人的责任为侵权责任。如果仅为无权代理人的行为造成了本人的损失,由无权代理人对本人承担赔偿责任。如果第三人明知无权代理人无代理权仍与其实施民事行为,造成本人损失的,行为人与第三人对本人负连带责任。

五、任务思考

1. 无权代理的表现有哪些?
2. 无权代理的法律后果如何?

模块二　合同法律制度

项目一　合同的订立

项目二　合同的效力

项目三　合同的履行

项目四　合同的转让和终止

项目五　违约责任

项目一 合同的订立

【项目目标】

完成本项目的学习后，你应该能：

1. 掌握合同订立的一般程序；
2. 熟悉合同的一般条款及格式条款的适用规则。

【项目任务描述】

本项目分为掌握合同订立的一般程序、熟悉合同的一般条款及格式条款的适用规则两个任务。通过本项目的学习与操作，能让学员掌握合同订立的一般程序，熟悉合同的一般条款及格式条款的适用规则。通过学习，增强学员对本项目的学习兴趣，提高学员的动手能力、观察分析能力、沟通协作能力，提升职业素养。在生产经营实践中订立一份内容完备、形式合法的合同，尽量减少纠纷；拒绝"霸王条款"，维护自身合法权益。

任务一 掌握合同订立的一般程序

【导入案例】

河北省顺平县一果农于2015年10月10日通过电视台某栏目发布了一条销售信息：顺平县××村王某今有一级红富士苹果7.5吨出售，价格5.60元/千克。石家庄水果商张某看到此信息后与王某进行了联系，双方约定张某按上述价格购买苹果5吨,11月2日交货付款,张某负责运输。10月下旬,顺平当地苹果的价格上涨。张某于11月2日带车赶到顺平,王某反悔,要求张某按6.20元/千克的价格付款,双方协商未果。

思考:

1. 本合同成立吗?

2. 王某须承担张某的损失吗?

一、学习准备

(一)知识准备

概念及相关知识

(1)合同。

合同是平等主体的自然人、法人、其他组织之间设立、变更、终止民事权利义务关系的协议。"空口无凭,立字为证",合同在现代经济社会中更是无所不在。为了保护合同当事人的合法权益,维护社会经济秩序,促进社会主义现代化建设,我国制定了《合同法》。该法1999年3月15日由第九届全国人民代表大会第2次会议通过,并自同年10月1日起施行。

(2)要约。

要约是希望和他人订立合同的意思表示,该意思表示应当符合下列规定:①内容具体确定;②表明经受要约人承诺,要约人即受该意思表示约束。发出要约的一方为要约人,接受要约的一方为受要约人。要约可撤回、撤销。要约人在发出要约后,未到达受要约人之前,要约人有权取消要约,该要约不生效。要约生效后,撤销要约的通知于受要约人发出承诺通知之前到达受要约人,要约人可撤销要约。但要约人明确了承诺期间或以其他形式明示要约不可撤销的,要约不可撤销。

(3)承诺。

承诺是受要约人同意要约的意思表示。承诺生效时合同成立。承诺可以撤回。撤回承诺的通知应当在承诺通知到达要约人之前或者与承诺通知同时到达要约人。承诺的内容应当与要约的内容一致。受要约人对要约的内容作出实质性变更的,为新要约。有关合同标的、数量、质量、价款或者报酬、履行期限、履行地点和履行方式、违约责任和解决争议方法等的变更,是对要约内容的实质性变更。

(二)资料准备

1. 准备一份过去自己或他人签过的合同。

2. 利用图书馆或网络,下载最新《合同法》全文,查阅第一条至第四十三条。

3. 教师准备的资料单:要约失效及承诺生效的相关资料、案例。

二、项目设计与项目实施

(一)项目设计

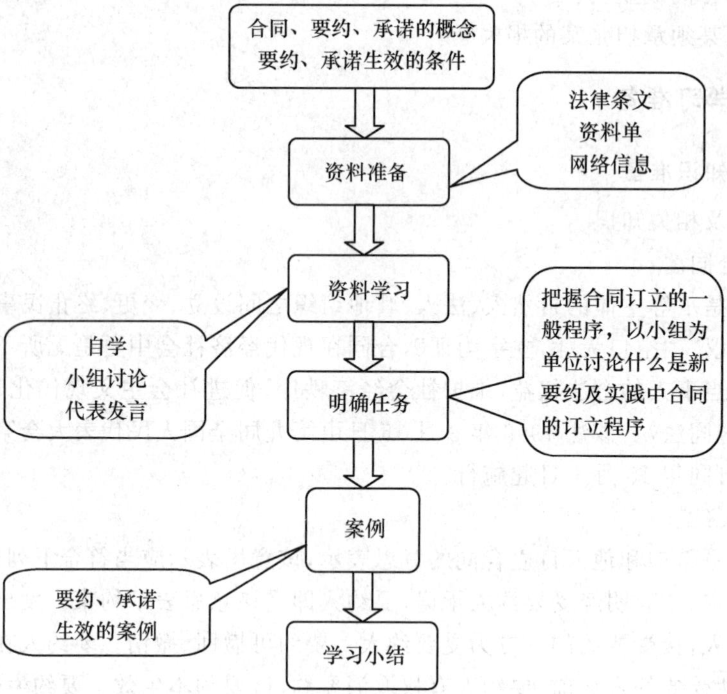

(二)项目实施

1. 安排学员课前通过图书馆、资料室、网络、实地调查等途径查找与合同订立有关资料,学员分组,各小组起草写一份合同。

2. 结合知识拓展内容,以小组为单位讨论实际合同订立的程序,交流分享学习内容。

3. 教师利用导入案例,组织学员运用所学知识,分析要约、承诺的生效条件及法律后果;总结生产经营中应注意的问题。

4. 教师评价学员的学习情况,布置任务思考题。

三、导入案例解析

在导入案例中,王某发布的销售信息完全符合要约的要求:①要约必须是特定人的意思表示(王某);②要约必须是向相对人(张某)发出的意思表示;③要约必须是能够反映所要订立合同的意思表示。所以,作为要约人的王某必须为自己的行为负责,要受到要约内容的约束。张某的行为也符合承诺的有效要件:①承诺必须是对要约作出的答复;②承诺必须由受要约人向要约人作出;③承诺必须是在要约有效期内作出;④承诺必须与要约的内容相一致。当双方联系后,王某应按约定履行合同,否则,就要赔偿张某的经济损失。

四、知识拓展

要约邀请是希望他人向自己发出要约的意思表示。寄送的价目表、拍卖公告、招标公告、招股说明书、商业广告等为要约邀请。商业广告的内容符合要约规定的,视为要约。

在实践中,双方当事人往往要经过反复协商,直至最后达成一致,所以,合同的签订常经过要约—新要约—再要约—再新要约直至承诺的过程。

五、任务思考

1. 什么是要约?什么是承诺?其生效条件有哪些?
2. 什么是对要约内容的实质性变更?

任务二 熟悉合同的一般条款及格式条款的适用规则

【导入案例】

2008 年 10 月,某村村民刘某与村委会以书面形式签订了一份鱼塘承包合同。合同就鱼塘大小、承包金数额、支付时间、违约责任都做了明确的约定,而对于合同期限则约定 5~10 年。刘某经营得当,再加上某国道改道恰巧从村旁经过,客源大增,每年效益颇丰。于是,刘某把鱼塘旁废弃的土地进行了平整,投资 30 多万元新上了农家乐项目。2013 年 9 月,村委会要求提高承包金,刘某不答应。2013 年 10 月村委会收回鱼塘转包给了别人。刘某实在是想不通,就一纸诉状将村委会告到县人民法院,要求继续承包,法庭经过调查以后,认定村委会没有违约,刘某败诉。

思考:

1. 村委会的做法违约吗?
2. 刘某自尝苦果的原因在哪儿?

一、学习准备

(一)知识准备

1. 概念及相关知识

(1)合同的内容。

合同的内容是双方或多方当事人经过协商就权利和义务达成的具体条款。根据意思自治原则,只要当事人的约定不违背国家法律的禁止性规定,合同内容一般由当事人自行协商确定。《合同法》规定了合同的一般条款:①当事人的名称或者姓名和住所;②标的;③数量;④质量;⑤价款或者报酬;⑥履行期限、地点和方式;⑦违约责任;⑧解决争议的方法。

当事人订立合同时,可以参考上述条款,也可以参照各类合同的示范文本及交易习惯履行合同。实践中常通过签订补充协议使合同内容更加完备。

(2)合同的格式条款。

格式条款是当事人为了重复使用而预先拟定,并在订立合同时未与对方协商的条款。为了体现现代社会商品交易的效率要求及安全要求,《合同法》对格式条款及其适用性也作了规定。

①采用格式条款订立合同的,提供格式条款的一方应当遵循公平原则确定当事人之间的权利和义务,并采取合理的方式提请对方注意免除或者限制其责任的条款,按照对方的要求,对该条款予以说明。

②对格式条款的理解发生争议的,应当按照通常理解予以解释。对格式条款有两种以上解释的,应当作出不利于提供格式条款一方的解释。格式条款和非格式条款不一致的,应当采用非格式条款。

③格式条款具有《合同法》第五十二条和第五十三条规定情形的,或者提供格式条款一方免除其责任、加重对方责任、排除对方主要权利的,该条款无效。

2. 合同的形式

合同的形式是当事人意思表示一致、达成协议的外部表现形式。当事人订立合同,有书面形式、口头形式和其他形式。

书面形式是指合同书、信件和数据电文(包括电报、电传、传真、电子数据交换和电子邮件)等可以有形地表现所载内容的形式。书面形式通过文字明确了当事人协商一致的条款,即双方的权利义务关系,有利于督促双方当事人积极履行合同,发生纠纷时容易分清责任。因此,在现代经济生活中,这种形式被广泛运用。法律、行政法规规定采用书面形式的,应当采用书面形式。当事人约定采用书面形式的,应当采用书面形式。

口头形式的合同即当事人双方就合同的权利和义务达成的口头协议。它广泛应用于能即时结清、数额较小的买卖、消费、服务合同。其虽然简便、快捷，但难以分清责任，发生纠纷，存在举证风险。

合同除书面形式、口头形式外，还可以有其他形式。即当事人未使用语言、文字表达其意思，而根据交易习惯，通过当事人行为推定合同成立。如房屋租赁合同3月到期，出租方在4月仍接受承租方支付的该月租金，通过双方给付、接受租金的行为就可以推定双方的房屋租赁合同成立并有效。

(二)资料准备

1. 分析所准备的合同条款是否完备，有无漏洞。
2. 利用图书馆或网络，查阅最新《合同法》条文。
3. 总结合同成立的法律规定。
4. 思考生活中有哪些合同采用格式条款，分析其风险性。
5. 教师准备的资料单：买卖合同范本、合同条款不全案例等资料。

二、项目设计与项目实施

(一)项目设计

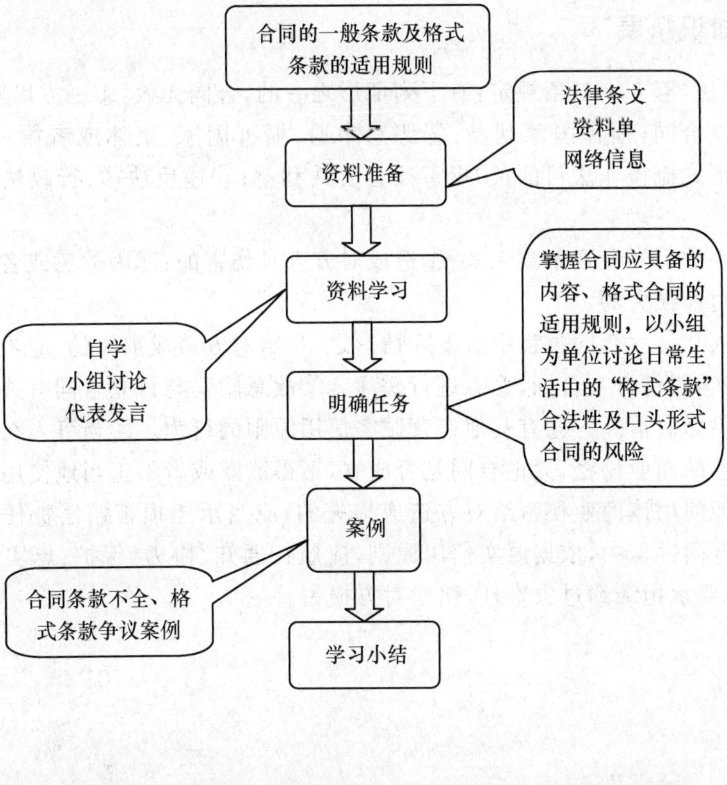

(二)项目实施

1. 安排学员课前通过图书馆、资料室、网络、实地调查等途径查找合同内容及格式条款有关资料。

2. 把自己准备的合同与《合同法》及范本进行对照,看是否缺乏必备条款。

3. 结合知识拓展内容,以小组为单位讨论合同订立时应注意的问题。

4. 教师利用导入案例,组织学员运用所学知识,解析合同内容完备的重要性。

5. 以小组为单位讨论日常生活中的“格式条款”合法性。

6. 教师评价学员的学习情况,布置任务思考题。

三、导入案例解析

导入案例中我们可以看出,村委会的做法完全符合《合同法》的规定,其收回承包权的行为符合合同的约定,不属于违约行为。反观刘某,之所以自尝苦果,关键在于合同的重要条款即“有效期限”约定不明确,只能吃个哑巴亏。在签订合同时,应首先明确合同的必备条款,可以参考各类合同范本或请律师帮忙。对涉及双方权利和义务的条款,表述应尽可能详尽、规范、标准,如标的的品牌、规格、型号、标准、计量单位,结算的币种、方式,有效期限的截止日期等。

四、知识拓展

《合同法》第五十二条规定:有下列情形之一的,合同无效:①一方以欺诈、胁迫的手段订立合同,损害国家利益;②恶意串通,损害国家、集体或者第三人利益;③以合法形式掩盖非法目的;④损害社会公共利益;⑤违反法律、行政法规的强制性规定。

合同中的下列免责条款无效:①造成对方人身伤害的;②因故意或者重大过失造成对方财产损失的。

当事人在订立合同过程中有下列情形之一,给对方造成损失的,应当承担损害赔偿责任:①假借订立合同,恶意进行磋商。②故意隐瞒与订立合同有关的重要事实或者提供虚假情况。③有其他违背诚实信用原则的行为。④当事人在订立合同过程中知悉的商业秘密,无论合同是否成立,不得泄露或者不正当地使用。泄露或者不正当地使用该商业秘密给对方造成损失的,应当承担损害赔偿责任。⑤当事人在订立合同过程中,依据诚实信用原则,应履行通知、协力、保护、忠实等注意义务,否则就要承担缔约过失责任,赔偿对方损失。

五、任务思考

1. 合同的一般条款有哪些？

2. 格式条款的适用规则有哪些？

项目二　合同的效力

【项目目标】

完成本项目的学习后，你应该能：

1. 掌握有效合同的具备条件；
2. 把握可变更、可撤销合同的种类。

【项目任务描述】

本项目分为掌握有效合同的具备条件、把握可变更、可撤销合同的种类两个任务。通过本项目的学习与操作，能让学员掌握有效合同的具备条件，熟悉可变更、可撤销合同的种类。通过学习，增强学员对本项目的学习兴趣，提高学员的动手能力、观察分析能力、沟通协作能力，提升职业素养，并在生产经营实践中能正确行使撤销权。

任务一　掌握有效合同的具备条件

【导入案例】

吴某与张某系多年朋友，感情深厚。吴某欲出国，临行前将自己的一套房屋交给张某照看。张某在未征得吴某同意的情况下擅自把房屋出租给了李某，李某对此并不知情，对该房屋进行了装修，并添置了家电。后吴某回国，问明原委，要求李某搬出。

思考：

1. 该合同属于什么性质的合同？

2. 如果无效,李某的损失应该由谁承担?

一、学习准备

(一)知识准备

概念及相关知识

(1)合同的效力。

合同的效力也叫合同的法律效力,是指已成立的合同对当事人乃至第三人的法律约束力。一般情况,合同的效力只对当事人具有强制力,即各方当事人应全面适当履行合同,不得擅自变更、解除合同,不得擅自转让合同的权利、义务。对第三人来说则表现为任何第三人不得侵害合同的债权。

(2)合同的生效要件。

合同的生效是指已成立的合同具备法律规定的要件,产生法律上的约束力。合同成立并不一定意味着合同生效,有效合同应具备以下四个要件。

①合同主体具有相应的民事行为能力,即主体资格合法。合同主体为自然人时,应具有相应的民事行为能力。无民事行为能力人进行的行为和限制行为能力人进行的依法不能独立进行的民事行为是无效民事行为。根据《合同法》的规定,前一种行为所订立的合同属无效合同,后一种行为所订立的合同属效力待定合同。

②合同当事人意思表示真实。意思表示真实意味着当事人要约、承诺等意思表示行为必须反映其真实意愿。本着自愿原则,《合同法》规定,通过胁迫、欺诈等不正当手段或乘人之危签订的合同属无效合同。

③合同的内容不违反法律、行政法规和社会公共利益。

④合同的形式、订立程序符合法律规定或当事人约定。

(3)效力待定合同。

①效力待定合同的概念及特征。

效力待定合同是指因合同主体原因使合同效力处于待定状态,须经权利人追认方能有效的合同。其特征是:第一,合同已成立,但效力未确定;第二,效力待定原因主要是主体资格瑕疵,效力确定取决于权利人的追认行为;第三,其法律后果一经权利人追认,合同自始有效,权利人拒绝追认,合同自始无效。

②效力待定合同的种类。

a. 限制民事行为能力人依法不能独立订立的合同。

《合同法》规定限制民事行为能力人订立的纯获利益的合同或者与其年龄、智力、精神健康状况相适应而订立的合同,不必经法定代理人追认而有效。超越其能力订立的合同必须由经法定代理人代理或追认后,该合同有效。

b. 无权代理行为人订立的合同。

《合同法》规定行为人没有代理权、超越代理权或者代理权终止后以被代理人名义订立的合同，未经被代理人追认，对被代理人不发生效力，由行为人承担责任。但相对人有理由相信行为人有代理权的，该代理行为有效。法人或者其他组织的法定代表人、负责人超越权限订立的合同，除相对人知道或者应当知道其超越权限的外，该代表行为有效。

c. 无处分权人订立的合同。

《合同法》规定无处分权的人处分他人财产，除经权利人追认或者无处分权的人订立合同后取得处分权的，该合同无效。

(二)资料准备

1. 查阅限制行为能力人、无民事行为能力人的法律规定。
2. 阅读《合同法》第四十七条，如何行使催告权和撤销权。
3. 列举实践中效力待定合同。
4. 教师准备的资料单：无效合同案例等资料。

二、项目设计与项目实施

(一)项目设计

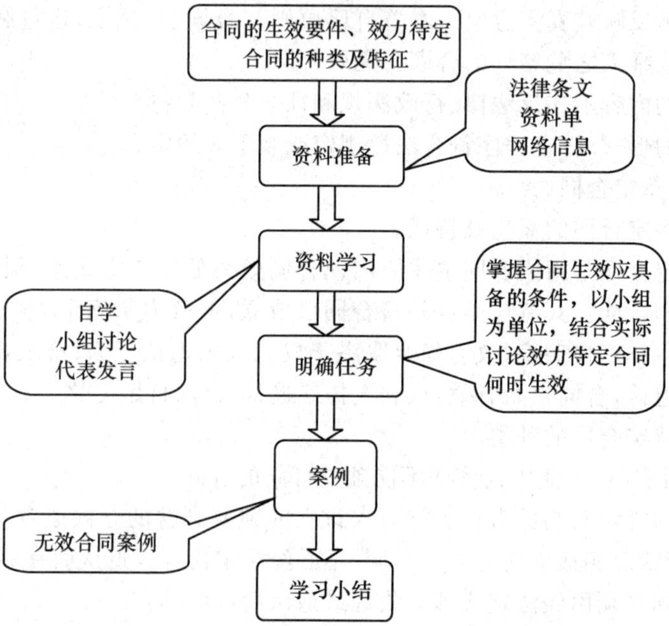

(二)项目实施

1. 安排学员课前通过图书馆、资料室、网络、实地调查等途径查找合同效力有关资料。

2. 分析自己准备的合同是否符合生效要件。

3. 结合知识拓展内容,以小组为单位讨论合同生效时间如何确定。

4. 结合知识拓展内容,以小组为单位讨论合同成立是否意味着生效。

5. 教师利用导入案例,组织学员运用所学知识,解析效力待定合同的种类及效力。

6. 教师评价学员的学习情况,布置任务思考题。

三、导入案例解析

在导入案例中,张某与李某签订了房屋租赁合同,但就其标的物房屋而言,张某是无处分权的,只是代吴某照看,该合同的主体资格存在明显瑕疵,属于效力待定合同。如果事后得到吴某的认可,该合同有效,否则,该合同无效,李某只能无条件搬出,但其损失应由张某赔偿。

四、知识拓展

依法成立的合同生效时间规定如下。

(1)依法成立的合同,自成立时生效。

(2)法律、行政法规规定应当办埋批准、登记等手续生效的,依照其规定。

(3)当事人对合同的效力可以约定附条件。附生效条件的合同,自条件成就时生效。

(4)当事人对合同的效力可以约定附期限。附生效期限的合同,自期限届至时生效。

合同的成立与生效的区别与联系:合同的生效以成立为前提,合同未成立谈不上生效与否;合同的成立主要看当事人的意思表示是否一致,生效则要看合同内容是否违背法律和行政法规的规定及是否是当事人真实的意思表示。

五、任务思考

1. 合同的生效要件有哪些?

2. 效力待定合同的种类有哪些?

任务二 把握可变更、可撤销合同的种类

【导入案例】

2014年年初,国际金价大跌,某珠宝行老板出国旅游前告诉员工,若有合适货源可抄底收购。2014年1月5日,珠宝行新进员工李某与一首饰加工厂签订了一份黄金首饰买卖合同,由于李某缺乏必要的专业知识,再加上经验的缺失,误将18K金当作24K金。4月,老板回国后发现此事,但当时金价上扬,他也预测到金价会持续上涨,所以未作表示。至2015年5月,金价下跌,而且受客观环境影响,销售不畅,该珠宝行老板与首饰加工厂协商退货未果,上诉至当地法院,要求裁定撤销该合同。

思考:

1. 该合同可以撤销吗?为什么?

2. 如果珠宝行老板2014年4月向人民法院提出同样诉求,会产生什么法律后果?

一、学习准备

(一)知识准备

1. 可撤销、可变更合同的概念

可撤销、可变更合同是指已经成立,但因意思表示不真实,权利人请求人民法院或仲裁机构予以变更或撤销的合同。可撤销、可变更合同在撤销、变更前,已发生了法律效力;撤销、变更原因在于意思表示不真实;合同效力的灭失取决于权利人的撤销行为;撤销权一旦行使,该合同自始无效。

2. 可撤销、可变更合同的种类

根据《合同法》第五十四条的规定,下列合同,当事人一方有权请求人民法院或者仲裁机构变更或者撤销:

(1)因重大误解订立的合同。

重大误解是指当事人订立合同时,对涉及合同效果的重大事项存在认识上的显著缺陷,其后果为误解人遭受重大损失,甚至达不到缔约目的。如对合同性质、合同主体、标的物品种、质量、规格的误解。

(2)在订立合同时显失公平的。

显失公平是指当事人在订立合同时,明显违背公平、等价有偿原则,使双方权

利和义务明显不对等，一方当事人显然处于极端不利条件。

显失公平必须是在订立合同时就已经存在，合同订立后，因客观情况发生变化（如市场行情的变化等），使双方权利和义务明显不对等，属正常的交易风险不适用该规定。

（3）一方以欺诈、胁迫的手段或者乘人之危，使对方在违背真实意思的情况下订立的合同，受损害方有权请求人民法院或者仲裁机构变更或者撤销。

3. 变更、撤销权的行使

撤销权一般由意思表示不真实而利益受损一方通过诉讼、仲裁的方式行使。撤销权人行使撤销权的期限为1年，该期限自其知道或应当知道撤销事由之日起计算。

（二）资料准备

1. 查阅《合同法》第五十二条至第五十九条。
2. 列举实践中不恰当行使撤销权的行为。
3. 教师准备的资料单：三类可撤销、可变更合同案例等资料。

二、项目设计与项目实施

（一）项目设计

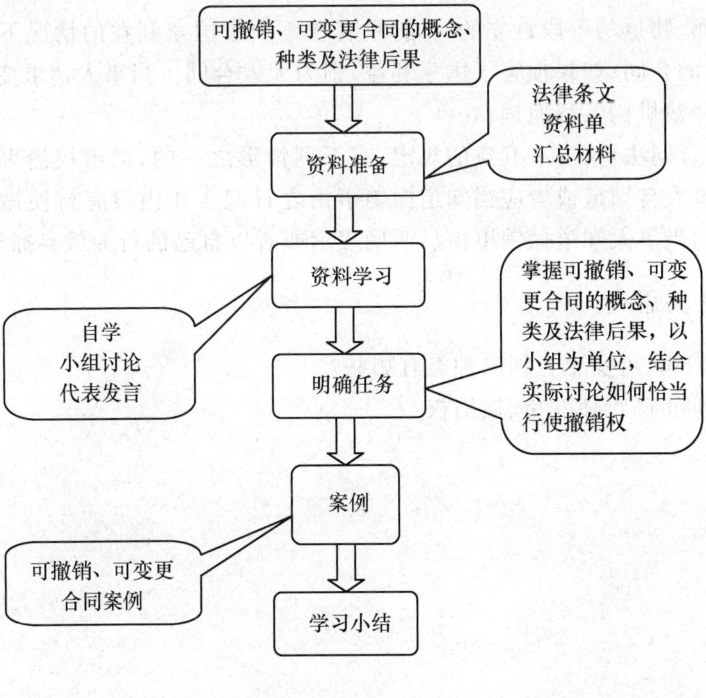

(二)项目实施

1. 安排学员课前通过图书馆、资料室、网络、实地调查等途径查找可撤销合同有关资料。

2. 结合知识拓展内容,引导学员正确理解“显失公平”法律规定。

3. 结合知识拓展内容,以小组为单位讨论撤销权如何消灭。

4. 教师利用导入案例,组织学员运用所学知识,解析如何正确行使变更、撤销权,教师评价学员的学习情况,布置任务思考题。

三、导入案例解析

在导入案例中,该合同是不能撤销的。因为虽然李某在订立合同时对标的物的质量存在重大误解,也给珠宝行造成了较大损失,该合同对其重大不利,违背了公平原则,但老板知道后,未及时行使自己的撤销权,超过了1年的法定期限,所以该合同不能撤销。如果珠宝行老板2014年4月向人民法院提出同样诉求,人民法院则可以裁定撤销该合同,因该合同取得的财产,应当予以返还;不能返还或者没有必要返还的,应当折价补偿。过错方即珠宝行应当赔偿对方因此所受到的损失。

四、知识拓展

以欺诈、胁迫的手段订立的合同,只有在不损害国家利益的情况下,方为可撤销、可变更的合同;如果损害了国家利益,则为无效合同。当事人请求变更的,人民法院或者仲裁机构不得撤销。

根据《合同法》第五十五条的规定,有下列情形之一的,撤销权消灭:①具有撤销权的当事人自知道或者应当知道撤销事由之日起1年内没有行使撤销权;②具有撤销权的当事人知道撤销事由后明确表示或者以自己的行为放弃撤销权。

五、任务思考

1. 可撤销、可变更合同的种类有哪些?

2. 如何正确行使变更、撤销权?

项目三　合同的履行

【项目目标】

完成本项目的学习后，你应该能：

1. 掌握合同履行的规则；

2. 理解合同债权人债权保全的措施。

【项目任务描述】

本项目分为掌握合同履行的规则、理解合同债权人债权保全的措施两个任务。通过本项目的学习与操作，能让学员掌握合同履行的规则、理解合同债权人债权保全的措施。通过学习，增强学员对本项目的学习兴趣，提高学员的动手能力、观察分析能力、沟通协作能力，提升职业素养，在生产经营实践中提高自觉履约意识，顺利实现订约目的。

任务一　掌握合同履行的规则

【导入案例】

某农业果蔬合作社与一家超市签订了一份蔬菜供应合同，由果蔬合作社每天为超市供应应季蔬菜，每月 1～3 日结算上月蔬菜价款，合同有效期限为 1 年。合同履行过程中，农业果蔬合作社听到一则传闻，该超市一大股东携款外逃，超市可能面临资金链断裂的危险。为了保障自己的利益，在未加求证的情况下，农业果蔬合作社擅自中断了超市的蔬菜供应。超市几经交涉无果，按合同约定，将农业果蔬合作社告至人民法院，要求裁定其违约，赔偿损失。

思考：

1. 合作社的做法违反了哪些法律规定？

2. 如果真出现了传闻中所说的情况，农业果蔬合作社应履行哪些义务？

一、学习准备

(一)知识准备

1. 合同履行的概念

合同履行是指债务人全面适当履行自己的义务，债权人的债权得以完全实现的行为。债务人的义务既包括依约而产生的义务，又包括法定义务。根据《合同法》的规定，当事人应当遵循诚实信用原则，根据合同的性质、目的和交易习惯履行通知、协助、保密等义务。

2. 合同履行规则

合同生效后，当事人应按约定的履行主体、标的、期限、方式等内容履行各自的义务，对于特殊情形，适用以下规则。

(1)合同内容没有约定或约定不明时的履行规则。

为了保障债权人的债权得以完全实现，当事人应将合同条款订立完整清楚，但在实践中，条款缺失或订立不明确的情况大有存在，合同生效后，当事人就质量、价款或者报酬、履行地点等内容没有约定或者约定不明确的，可以协议补充；不能达成补充协议的，按照合同有关条款或者交易习惯确定。仍不能确定的，适用下列规定：

①质量要求不明确的，按照国家标准、行业标准履行；没有国家标准、行业标准的，按照通常标准或者符合合同目的的特定标准履行。

②价款或者报酬不明确的，按照订立合同时履行地的市场价格履行；依法应当执行政府定价或者政府指导价的，按照规定履行。

③履行地点不明确，给付货币的，在接受货币一方所在地履行；交付不动产的，在不动产所在地履行；其他标的，在履行义务一方所在地履行。

④履行期限不明确的，债务人可以随时履行，债权人也可以随时要求履行，但应当给对方必要的准备时间。

⑤履行方式不明确的，按照有利于实现合同目的的方式履行。

⑥履行费用的负担不明确的，由履行义务一方负担。

(2)价格变动时的履行规则。

根据《合同法》的规定，执行政府定价或者政府指导价的，在合同约定的交付期限内政府价格调整时，按照交付时的价格计价。逾期交付标的物的，遇价格上涨时，按照原价格执行；价格下降时，按照新价格执行。逾期提取标的物或者逾期付款的，遇价格上涨时，按照新价格执行；价格下降时，按照原价格执行。执行市场价格的，在合同履行期内遇价格变动，除经协商变更外，按交易习惯，仍按约定价格履行。

(3)涉及第三人的履行规则。

合同关系的当事人一般只涉及债权人和债务人，《合同法》也允许向第三人履行或第三人代为履行。

①向第三人履行。

当事人约定由债务人向第三人履行债务的，债务人未向第三人履行债务或者履行债务不符合约定，应当向债权人承担违约责任。

②第三人代为履行。

当事人约定由第三人向债权人履行债务的，第三人不履行债务或者履行债务不符合约定，债务人应当向债权人承担违约责任。

(4)无先后顺序的互负债务履行规则。

当事人互负债务，没有先后履行顺序的，应当同时履行。一方在对方履行之前有权拒绝其履行要求。一方在对方履行债务不符合约定时，有权拒绝其相应的履行要求。

(5)有先后顺序的互负债务履行规则。

当事人互负债务，有先后履行顺序，先履行一方未履行的，后履行一方有权拒绝其履行要求。先履行一方履行债务不符合约定的，后履行一方有权拒绝其相应的履行要求。

(6)中止履行的规则。

合同的中止履行是指在双务合同中，负有先履行义务的一方，在自己尚未履行或尚未完全履行时，因法定事由暂时停止履行自己的义务。

应当先履行债务的当事人，有确切证据证明对方有下列情形之一的，可以中止履行：a. 经营状况严重恶化；b. 转移财产、抽逃资金，以逃避债务；c. 丧失商业信誉；d. 有丧失或者可能丧失履行债务能力的其他情形。但当事人没有确切证据中止履行的，应当承担违约责任。同时当事人中止履行的，应当及时通知对方。对方提供适当担保时，应当恢复履行。中止履行后，对方在合理期限内未恢复履行能力并且未提供适当担保的，中止履行的一方可以解除合同。

(二)资料准备

1. 查阅《合同法》第六十条至第七十三条。
2. 列举合同实践中不履行通知、协助、保密等义务的行为。
3. 教师准备的资料单:不按规则履行合同案例等资料。

二、项目设计与项目实施

(一)项目设计

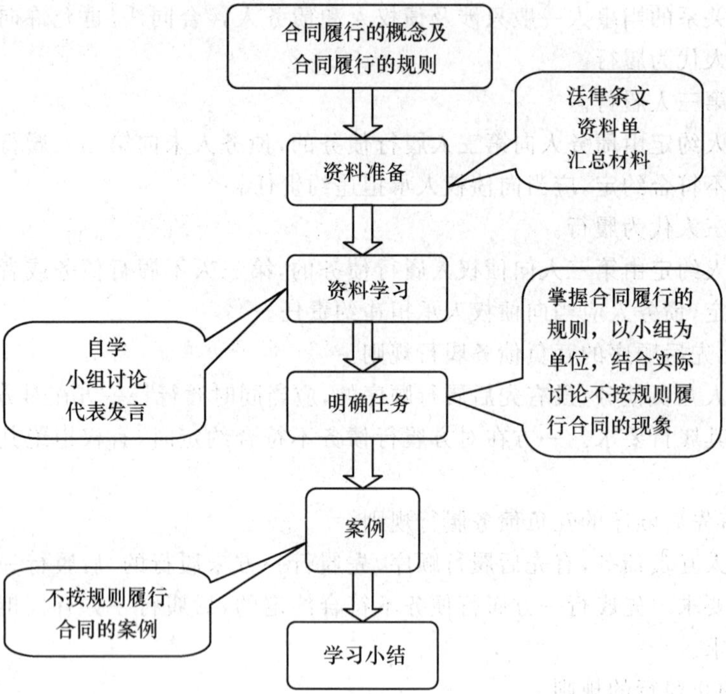

(二)项目实施

1. 安排学员课前通过图书馆、资料室、网络、实地调查等途径查找履行规则有关资料。

2. 结合知识拓展内容,引导学员正确理解合同履行中“通知、协助、保密义务”的现实意义。

3. 教师利用导入案例,组织学员运用所学知识,解析如何正确运用中止履行规则。

4. 教师评价学员的学习情况,布置任务思考题。

三、导入案例解析

在导入案例中，农业果蔬合作社的做法违反了《合同法》中中止履行的规则。合同的中止履行的适用条件有四个：第一，双方当事人的合同是双务合同；第二，后给付义务人的履行能力明显降低，存在不能履行义务的现实风险；第三，后给付义务人未提供适当担保；第四，负有先履行义务的一方有通知和举证义务。显然，农业果蔬合作社中止履行不满足适用条件，因为它仅凭传闻，没有确切证据证明超市存在不能履行义务的现实风险，在没有通知对方的情况下中止履行合同，是一种违约行为，超市可向人民法院主张赔偿损失，继续履行合同。即使出现了传闻中所说的情况，农业果蔬合作社应履行通知和举证义务，而且超市在合理期限内恢复了履行能力或提供了担保，农业果蔬合作社应继续履行合同。

四、知识拓展

债权人分立、合并或者变更住所没有通知债务人，致使履行债务发生困难的，债务人可以中止履行或者将标的物提存。

债权人可以拒绝债务人提前履行债务，但提前履行不损害债权人利益的除外。债务人提前履行债务给债权人增加的费用，由债务人负担。

五、任务思考

1. 合同内容没有约定或约定不明时的履行规则有哪些？

2. 价格变动时的履行规则有哪些？

任务二 理解合同债权人债权保全的措施

【导入案例】

甲、乙两公司签订了一份货物买卖合同，甲公司为买受人，乙公司为出卖人，双方约定货到付款。乙公司按约定期限把货物送抵甲公司，但甲公司未按约定付款，后乙公司查明，甲公司的董事长因家庭变故，产生厌世情绪，对丙公司的到期债务未主张权利，且存在低价变卖自己财产的行为，为此，乙公司向某仲裁机构提出申请，要求裁定甲公司的行为无效，以自己的名义代位行使债务人的债权，并撤销甲公司低价变卖自己财产的行为。

思考：

1. 乙公司的行为合法吗？

2. 乙公司应如何主张自己的权利？

一、学习准备

(一)知识准备

1. 合同债权保全的概念

合同债权保全是指为防止债务人以积极或消极方式减少自己的财产危害债权人利益，债权人为保全其债权得以完全实现而依法采取的法律措施。《合同法》规定了代位权和撤销权两种保全措施。

2. 代位权

代位权是因债务人怠于行使其到期债权，对债权人造成损害的，债权人可以向人民法院请求以自己的名义代位行使债务人的债权的权利。代位权是防止债务人消极危害债权的保全措施。

债权人行使代位权的必要条件包括：第一，债权合法并到期；第二，债务人怠于行使其到期债权，且该债权不专属于债务人自身；在实践中“怠于行使”的判断标准主要是看债务人是否通过诉讼或仲裁主张其到期债权；第三，该行为使债权人的债权存在不能实现的危险。

债权人行使代位权必须以诉讼的方式进行，该诉讼由次债务人所在地人民法院管辖。代位权的行使范围以债权人的债权为限。债权人行使代位权的必要费用，由债务人负担。

3. 撤销权

撤销权是指债务人滥用其财产处分权，使其财产减少而损害债权人债权时，债权人为保全其债权，依法享有的以自己的名义请求人民法院撤销债务人财产处分行为的权利。

撤销权产生的原因是债务人滥用其财产处分权，且该行为严重降低债务人的偿付能力并对债权人利益造成了损害。根据《合同法》的规定，因债务人放弃其到期债权或者无偿转让财产，对债权人造成损害的，债权人可以请求人民法院撤销债务人的行为。债务人以明显不合理的低价转让财产，对债权人造成损害，并且受让人知道该情形的，债权人也可以请求人民法院撤销债务人的行为。

撤销权的行使必须以诉讼的方式进行，行使范围以债权人的债权为限。债权人行使撤销权的必要费用，由债务人负担。

撤销权自债权人知道或者应当知道撤销事由之日起 1 年内行使。自债务人的行为发生之日起5年内没有行使撤销权的,该撤销权消灭。

(二)资料准备

1. 查阅《合同法》第七十三条至第七十六条。

2. 查找代位权、撤销权行使的相关案例信息资料。

3. 教师准备的资料单:合同债权保全案例等资料。

二、项目设计与项目实施

(一)项目设计

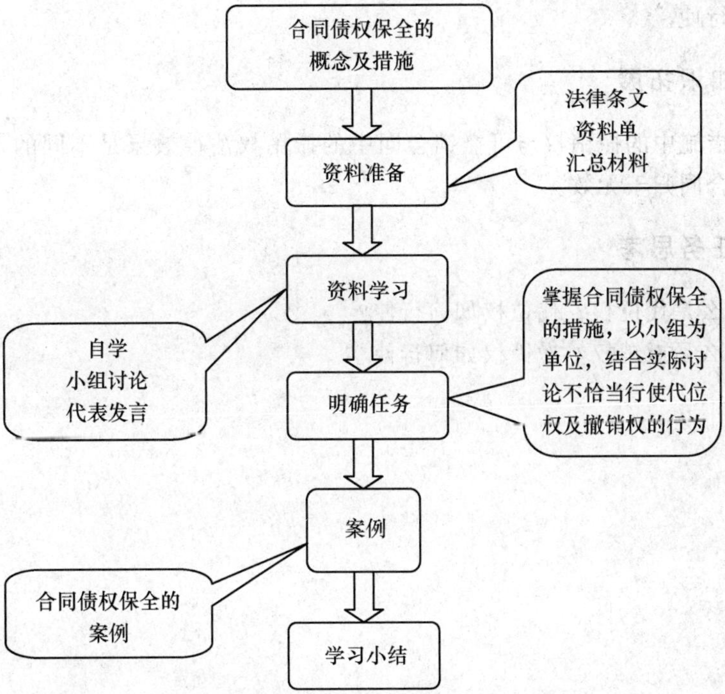

(二)项目实施

1. 安排学员课前通过图书馆、资料室、网络、实地调查等途径查找债权保全有关资料。

2. 根据所收集的资料,组织学员讨论总结日常生活、生产实践中不恰当行使代位权及撤销权的行为,交流分享学习内容。

3. 教师组织学员学习知识拓展内容:一方面让学员清楚保全措施中的撤销权与可撤销合同中的撤销权不同的法律效果;另一方面让学员学会"相互联系""触

类旁通”的学习方法。

4. 教师利用导入案例，引导学员正确行使代位权、撤销权。

5. 教师评价学员的学习情况，布置任务思考题。

三、导入案例解析

在导入案例中，乙公司行为的合法性值得商榷。第一，乙公司行使代位权必须以诉讼的方式进行，按照《合同法》的规定不能通过仲裁方式解决；第二，乙公司要证明甲公司的行为使其债权存在不能实现的危险。乙公司应向丙公司所在地人民法院请求行使代位权及撤销权，撤销权应自乙公司知道甲公司低价变卖财产之日起1年内行使。

四、知识拓展

保全措施中的撤销权与可撤销合同中的撤销权法律效果是不同的，后者可使效力待定合同归于无效。

五、任务思考

1. 什么是代位权？代位权如何行使？

2. 什么是撤销权？撤销权如何行使？

项目四　合同的转让和终止

【项目目标】

完成本项目的学习后，你应该能：

1. 知晓合同变更、转让的相关规定；
2. 掌握合同终止情形。

【项目任务描述】

本项目分为知晓合同变更、转让的相关规定、掌握合同终止情形两个任务。通过本项目的学习与操作，能让学员知晓合同变更、转让的相关规定，掌握合同终止情形。通过学习，增强学员对本项目的学习兴趣，提高学员的动手能力、观察分析能力、沟通协作能力，提升职业素养，运用所学知识指导生产经营实践。

任务一　知晓合同变更、转让的相关规定

【导入案例】

甲公司欠乙公司 200 万元债务，乙公司欠丙公司 200 万元债务，乙公司与甲公司签订协议，将自己对丙公司的债务让与甲公司。

思考：乙公司的债务让与行为是否有效？

一、学习准备

(一)知识准备

1. 合同变更的概念

合同的变更有广义、狭义之分。广义的合同变更包括主体、客体、内容的变更。狭义的合同变更仅指客体、内容的变更。这里的合同变更指狭义的合同变更。

合同变更一般只对将来发生效力,对已履行部分无溯及力,未变更部分应继续有效,当事人对合同变更的内容约定不明确的,推定为未变更。如因合同变更给对方造成损失,除法定免责情形外,受害方在合同变更时可要求赔偿。

2. 合同的转让

合同的转让是指在不改变合同内容的前提下,只对债权人或债务人作出变更,将合同的权利或义务全部或部分转让给第三人。

(1)合同债权转让。

合同债权转让也叫债权让与,是指债权人将其债权以协议的形式全部或部分转让给第三人。合同债权转让无须取得债务人同意,但应当通知债务人,未经通知,该转让对债务人不发生效力。

《合同法》规定下列债权为不得让与的债权:第一,根据合同性质不得转让;第二,按照当事人约定不得转让;第三,依照法律规定不得转让。

(2)合同的债务转让。

合同的债务转让也叫债务转移,是指债务人将其债务全部或部分转让给第三人。合同债务转让应取得债权人同意,否则该转让无效。

(3)概括转让。

概括转让是指在不改变合同内容的前提下,一方当事人经对方同意将合同的权利、义务一并转让给第三人。

(二)资料准备

1. 查阅合同变更、转让的法律规定。
2. 查找合同转让效力的相关案例信息资料。
3. 教师准备的资料单:合同变更给对方造成损失及债务转让案例等资料。

二、项目设计与项目实施

(一)项目设计

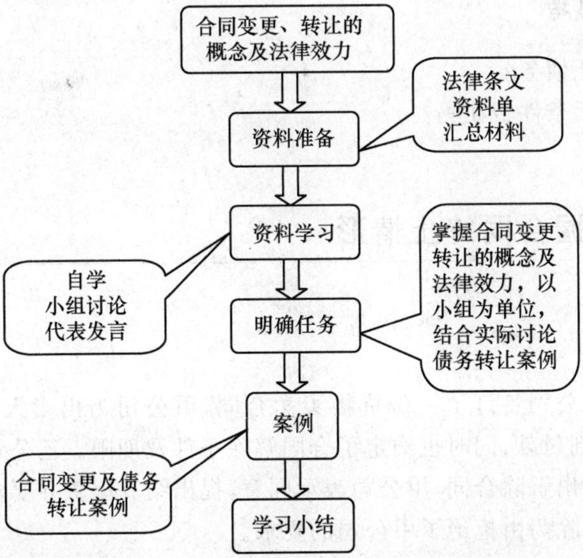

(二)项目实施

1. 安排学员课前通过图书馆、资料室、网络、实地调查等途径查找合同变更、转让有关资料。

2. 根据所收集的资料，组织学员讨论总结日常生活、生产实践中利用合并、分立或债务转让逃避义务的行为。

3. 教师组织学员学习知识拓展内容，让学员了解当事人订立合同后合并或分立的，如何享受权利、承担义务。

4. 教师利用导入案例，引导学员学会如何转让债务。

5. 教师评价学员的学习情况，布置任务思考题。

三、导入案例解析

在导入案例中，乙公司的债务让与行为无效，根据《合同法》的规定，合同债务转让应取得债权人即丙公司同意，否则该转让无效。

四、知识拓展

《合同法》第九十条规定：当事人订立合同后合并的，由合并后的法人或者其他组织行使合同权利,履行合同义务。当事人订立合同后分立的,除债权人和债务人另有约定的外,由分立的法人或者其他组织对合同的权利和义务享有连带债权,承担连带债务。

五、任务思考

1. 如何转让债务?
2. 债权可无条件转让吗?

任务二　掌握合同终止情形

【导入案例】

甲公司与乙公司签订了一份货物买卖合同,甲公司为出卖人,乙公司为买受人,双方约定货到付款,同时也约定了合同解除条件及期限。乙公司根据解除条件在约定期限内提出解除合同,甲公司表示同意,提出结算尾款并要求赔偿损失。乙公司以合同已解除为由拒绝了甲公司的要求。

思考:乙公司的行为合法吗?

一、学习准备

(一)知识准备

合同的终止是指由于法定或约定情形出现,原合同的权利义务关系归于消灭。根据《合同法》的规定,在下列情况下,合同的权利与义务终止。

(1)债务已经按照约定履行。

当事人按约定全面履行了自己的义务,合同订立目的已实现,合同关系终止。这也是合同终止最常见的原因。

(2)合同解除。

合同解除是在合同生效后,尚未履行或未完全履行之前,因解除条件出现而由一方或双方的意思表示提前结束合同关系的行为。合同解除分为约定解除和法定解除。

①约定解除。

约定解除分为两种情况:a. 双方在合同中约定了解除条件,条件成就时权利人依约解除合同;b. 双方在合同中未约定解除条件,合同尚未履行或未完全履行之前,双方协商一致,也可以解除合同。

②法定解除。

法定解除是指出现法定的解除事由，在合理期限内，权利人可以通知对方解除合同。《合同法》规定有下列情形之一的，当事人可以解除合同：第一，因不可抗力致使不能实现合同目的；第二，在履行期限届满之前，当事人一方明确表示或者以自己的行为表明不履行主要债务；第三，当事人一方迟延履行主要债务，经催告后在合理期限内仍未履行；第四，当事人一方迟延履行债务或者有其他违约行为致使不能实现合同目的；第五，法律规定的其他情形。

合同解除后，尚未履行的，终止履行；已经履行的，根据履行情况和合同性质，当事人可以要求恢复原状、采取其他补救措施，并有权要求赔偿损失。

(3)债务相互抵销。

债务相互抵销是指当事人双方互负债务各以其债权抵偿其债务，使合同效力终止。债务相互抵销可分为约定抵销和法定抵销两种。

约定抵销是指当事人互负债务，标的物种类、品质不相同的，经双方协商一致，可以相互抵销债务。当事人可以约定抵销条件、期限等内容。

法定抵销是指当事人互负到期债务，该债务的标的物种类、品质相同的，任何一方可以将自己的债务与对方的债务抵销，但依照法律规定或者按照合同性质不得抵销的除外。当事人主张抵销的，应当通知对方。通知自到达对方时生效。抵销不得附条件或者附期限。

(4)债务人依法将标的物提存。

提存是指因债权人原因，债务人无法向其交付标的物时，将其提交提存部门，从而使合同关系归于消灭。

提存的条件包括：①债为到期之债。②提存人具有相应民事行为能力。③有法定提存情形：第一，债权人无正当理由拒绝受领；第二，债权人下落不明；第三，债权人死亡未确定继承人或者丧失民事行为能力未确定监护人；第四，法律规定的其他情形。④必须经法定程序，经批准后方可提存。标的物不适于提存或者提存费用过高的，债务人依法可以拍卖或者变卖标的物，提存所得的价款。

提存的法律后果是自提存成立原合同关系归于消灭。债权人只能行使其领取提存物的权利，但该权利自提存之日起5年内不行使而消灭，提存物扣除提存费用后归国家所有。5年内债权人可以随时领取提存物，但债权人对债务人负有到期债务的，在债权人未履行债务或者提供担保之前，提存部门根据债务人的要求应当拒绝其领取提存物。标的物提存后，毁损、灭失的风险由债权人承担。提存期间，标的物的孳息归债权人所有。提存费用由债权人负担。

标的物提存后，除债权人下落不明的外，债务人应当及时通知债权人或者债权人的继承人、监护人。

(5)债权人免除债务。

债权人免除债务，是债权人自愿放弃债权，免除债务人所承担的债务，从而使合同关系归于消灭。免除系债权人单方法律行为，只需其一方意思表示即可成立，但一经作出该意思表示，不得撤回，且基于该债权的从权利也随之灭失。

(6)债权债务同归于一人。

债权债务同归于一人即混同，是指债权债务同归于一人。

(7)法律规定或者当事人约定终止的其他情形。

(二)资料准备

1. 查阅合同终止的法律规定。

2. 查找合同终止的相关案例信息资料。

3. 教师准备的资料单：债务人将标的物提存案例等资料。

二、项目设计与项目实施

(一)项目设计

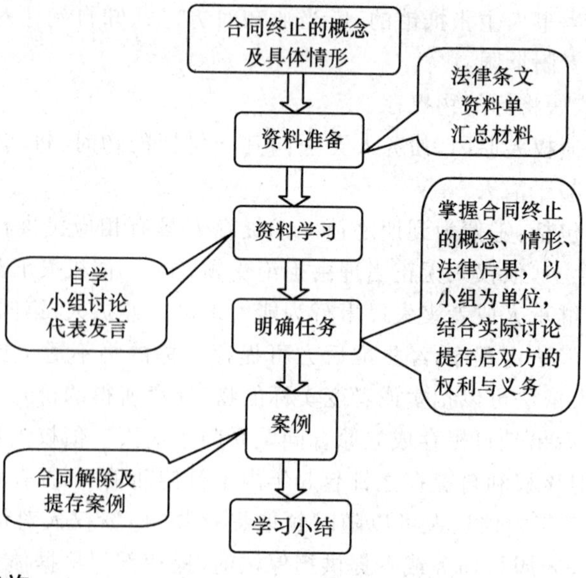

(二)项目实施

1. 安排学员课前通过图书馆、资料室、网络、实地调查等途径查找合同终止有关资料。

2. 根据所收集的资料，组织学员讨论总结生产经营实践中合同解除的常见情形、争议。

3. 教师组织学员学习知识拓展内容，让学员了解怎样行使解除权、怎样认定解除的效力。

4. 教师组织学员学习知识拓展内容，引导学员在实践中应注意合同权利与义务终止后，当事人应履行的其他义务。

5. 教师利用导入案例，让学员明白合同解除的法律效力。

6. 教师评价学员的学习情况，布置任务思考题。

三、导入案例解析

在导入案例中，乙公司的行为不合法。根据《合同法》的规定，合同解除后，尚未履行的，终止履行；已经履行的，根据履行情况和合同性质，当事人可以要求恢复原状、采取其他补救措施，并有权要求赔偿损失。所以，甲公司的要求符合法律规定，应予以支持。

四、知识拓展

合同解除权消灭的情形包括：①法律规定或者当事人约定解除权行使期限，期限届满当事人不行使的，该权利消灭；②法律没有规定或者当事人没有约定解除权行使期限，经对方催告后在合理期限内不行使的，该权利消灭。

合同解除时间的规定：当事人一方主张解除合同的，应当通知对方。合同自通知到达对方时解除。对方有异议的，可以请求人民法院或者仲裁机构确认解除合同的效力。法律、行政法规规定解除合同应当办理批准、登记等手续的，依照其规定。

当事人的随附义务：合同的权利与义务终止后，当事人应当遵循诚实信用原则，根据交易习惯履行通知、协助、保密等义务。

五、任务思考

1. 法定解除事由有哪些？

2. 债务人依法将标的物提存的条件有哪些？

项目五　违约责任

【项目目标】

完成本项目的学习后，你应该能：

1. 了解违约责任的归责原则、违约行为的具体表现；
2. 把握违约责任的免责事由，明晰违约责任的承担形式。

【项目任务描述】

本项目分为了解违约责任的归责原则、违约行为的具体表现和把握违约责任的免责事由，明晰违约责任的承担形式两个任务。通过本项目的学习与操作，能让学员了解违约责任的归责原则、违约行为的具体表现，把握违约责任的免责事由。通过学习，增强学员对本项目的学习兴趣，提高学员的动手能力、观察分析能力、沟通协作能力，提升职业素养，理论联系实际，运用所学知识指导生产经营实践，保护合同当事人合法权益。

任务一　了解违约责任的归责原则、违约行为的具体表现

【导入案例】

2014 年 8 月 1 日，甲、乙两公司签订了一份某型钢材买卖合同，甲公司为出卖人，乙公司为买受人，合同约定，9 月 1 日，由甲公司送货，货到付款，合同中未约定免责事由及违约金。8 月 15 日，钢价上涨，甲公司致电乙公司，要求按市价交付，

否则就不再履行合同，乙公司未答应。8 月 20 日，乙公司到人民法院起诉，要求认定甲公司违约，赔偿经济损失及精神损害。

思考：

1. 甲公司需要承担违约责任吗？

2. 如果甲公司违约，乙公司可以向人民法院主张哪些权利？

一、学习准备

(一)知识准备

1. 违约责任的概念

违约责任是指合同当事人一方不履行合同的义务或履行合同义务不符合约定时所承担的法律后果。

违约责任的基本特征包括：第一，违约责任的承担前提是合同合法有效；第二，当事人一方存在违约行为；第三，违约责任的承担方式、数额可在法定范围内由当事人协商确定；第四，违约责任的设立主要是为损害赔偿，一般不具有惩罚性。

2. 违约责任的归责原则

根据《合同法》的规定，当事人一方不履行合同义务或者履行合同义务不符合约定的，应当承担继续履行、采取补救措施或者赔偿损失等违约责任。即无论违约方有无过错，只要违约行为与损害结果之间存在因果关系，且无约定或法定免责事由，违约方就必须承担违约责任。在具体的合同中如承租人的保管责任等，也存在过错责任适用，即主观过错大小作为衡量责任大小的依据。

3. 违约行为的具体体现

违约行为是指当事人不履行或不完全履行合同义务的行为，主要表现为以下两种形态。

(1)预期违约。

预期违约是指履行期限届满前，当事人一方明确表示或者以自己的行为表明不履行合同义务。对方可以在履行期限届满之前要求其承担违约责任。

(2)实际违约。

实际违约是指履行期限届满后，当事人不履行或不完全履行合同义务的行为。

①拒绝履行。

拒绝履行是指履行期限届满债务人有能力履行但明确表示不履行其债务。

②不完全履行。

不完全履行是指履行内容有瑕疵，不符合约定或法律规定。

③延迟履行。

延迟履行是指债务人履行债务或债权人受领不及时。

④不能履行。

不能履行是指债务人丧失履行能力。

(二)资料准备

1. 查阅违约责任的法律规定。
2. 查找违约责任的相关案例信息资料。
3. 教师准备的资料单:预期违约及不完全履行案例等资料。

二、项目设计与项目实施

(一)项目设计

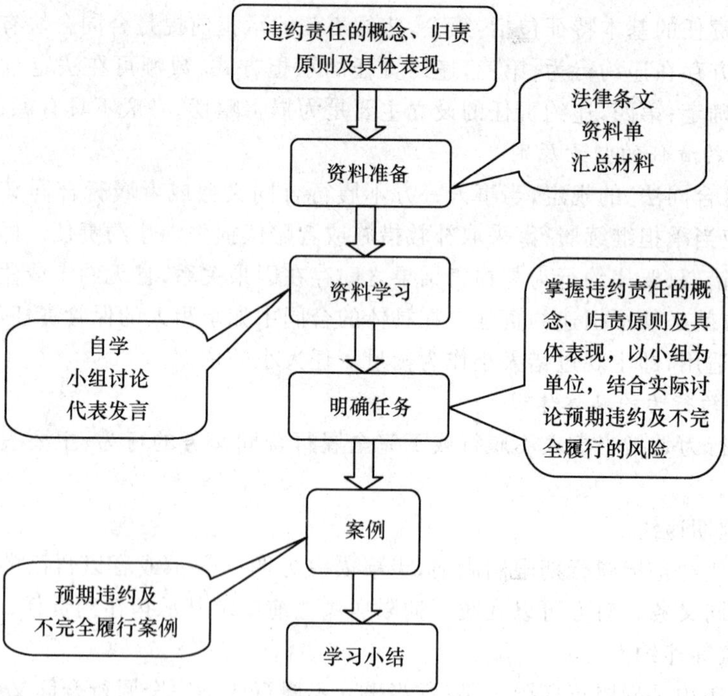

(二)项目实施

1. 安排学员课前通过图书馆、资料室、网络、实地调查等途径查找违约归责有关资料。

2. 根据所收集的资料,组织学员讨论总结生产经营实践中违约的常见情形。

3. 教师利用导入案例,让学员明白违约的法律后果,引导学员自觉履行自己的义务。

4. 教师评价学员的学习情况，布置任务思考题。

三、导入案例解析

在导入案例中，甲公司应当承担违约责任。第一，甲、乙双方的合同合法有效；第二，甲公司有不履行合同义务的意思表示，即打电话给乙方，告知对方如果不提价就拒绝履行合同，其行为属于预期违约，乙公司既可以在履行期限届满前也可以在届满后诉其违约；第三，没有免责事由出现，甲、乙双方在合同中没有约定免责条款，甲公司的行为也不符合法定免责情形；第四，甲公司违约肯定给乙公司造成了损失。

至于乙公司，可以向法院主张：第一，赔偿损失，既包括直接损失（准备费用），又包括间接损失（预期利润），但不能主张精神损害；第二，继续履行，乙公司可以向人民法院要求甲公司在赔偿各项损失后继续按原合同履行各自义务。

四、任务思考

1. 我国现行的违约责任归责原则有哪些？
2. 列举违约行为的具体体现。

任务二　把握违约责任的免责事由，明晰违约责任的承担形式

一、学习准备

（一）知识准备

1. 违约责任的免责

违约责任的承担条件包括：第一，当事人一方存在违约行为；第二，有财产损害事实；第三，违约行为与损害事实间存在因果关系；第四，免责事由不成立。

当事人一方违约，可由法律规定或当事人约定不承担违约责任。我国法定的免责事由主要有以下几种：

（1）不可抗力。

不可抗力是指当事人在订立合同时不能预见，对其发生和后果不能避免且不能克服的客观情况，包括自然事件和社会事件。

(2)免责条款。

根据意思自治原则,当事人在订立合同时,可以约定免责条款,当合同不能履行或不能全面履行时,也可以免除违约人的责任。但造成人身伤害的以及因故意或重大过失,给对方造成财产损失的免责条款无效。在格式合同中,免责条款要特别提示,并且不能免除当事人的主要义务。

(3)货物本身的自然性质即合理损耗。

(4)债权人的过错。

债权人的过错导致合同不能或不能全面履行,债务人免除责任。

(5)法律的特别规定。

2. 违约责任的承担方式

(1)支付违约金。

违约金是指违约方依据合同约定支付给对方一定数额的货币。违约金具有补偿性,可视为违约的损害赔偿,故数额应与损失额相当。约定的违约金低于或过分高于造成的损失的,当事人可以请求人民法院或者仲裁机构予以增加或适当减少。支付违约金是最常见的违约责任承担方式。当事人就迟延履行约定违约金的,违约方支付违约金后,还应当履行债务。

(2)支付赔偿金。

赔偿金是违约方因违约行为给对方造成了财产上的损失,在未约定违约金或约定的违约金低于财产上的损失,支付给对方一定数额的货币。当事人一方不履行合同义务或者履行合同义务不符合约定,给对方造成损失的,损失赔偿额应当相当于因违约所造成的损失,包括合同履行后可以获得的利益,但不得超过违反合同一方订立合同时预见到或者应当预见到的因违反合同可能造成的损失。

(3)强制履行。

强制履行是当事人一方请求人民法院强制违约方按照约定义务继续履行的责任承担方式。强制履行后,对方还有其他损失的,应当赔偿损失。根据《合同法》的规定,当事人一方不履行非金钱债务或者履行非金钱债务不符合约定的,对方可以要求履行,但法律上或者事实上不能履行;债务的标的不适于强制履行或者履行费用过高;债权人在合理期限内未要求履行的,不适用强制履行。

(4)采取补救措施。

当事人提供的标的物质量不符合约定的,受损害方根据标的的性质以及损失的大小,可以合理选择要求对方承担修理、更换、重作、退货、减少价款或者报酬等违约责任,若有其他损失,还可请求赔偿损失。

(5)支付价款及逾期利息。

当事人一方未支付价款或者报酬的，对方可以要求其支付价款或者报酬。当事人延迟支付价款或报酬的，应当支付该价款或报酬的逾期利息。

(二)资料准备

1. 查阅违约责任的免责事由及承担方式法律规定。

2. 查找违约责任的免责事由相关案例资料。

3. 教师准备的资料单：违约责任的免责事由及承担方式案例等资料。

二、项目设计与项目实施

(一)项目设计

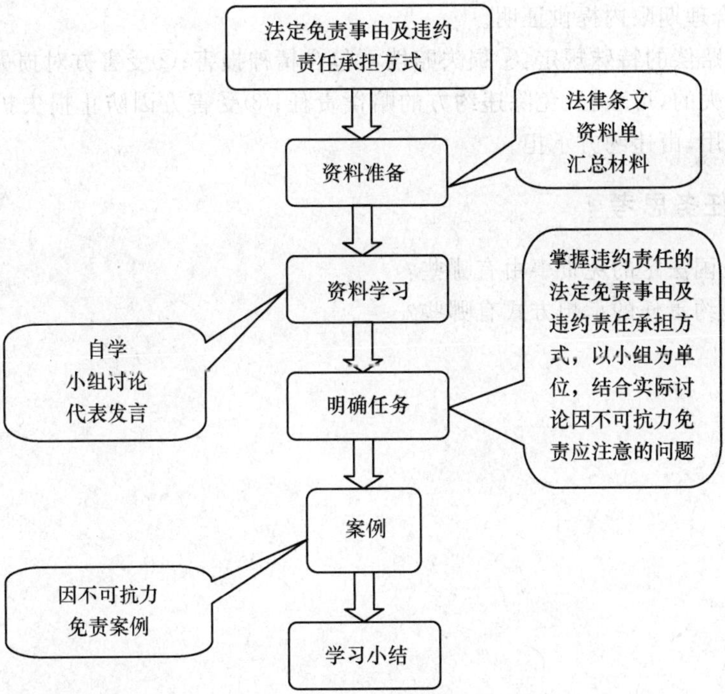

(二)项目实施

1. 安排学员课前通过图书馆、资料室、网络、实地调查等途径查找违约责任免责事由及承担方式有关资料。

2. 根据所收集的资料，组织学员讨论总结生产经营中常见的违约责任承担方式，强化追责意识。

3. 教师组织学员学习知识拓展内容，让学员掌握因不可抗力免责时违约方的法定义务。

4. 教师组织学员学习知识拓展内容，让学员了解损失赔偿法律规定。

5. 教师结合所收集的资料，组织学员总结违约责任承担方式如何并用。

6. 教师评价学员的学习情况，布置任务思考题。

三、知识拓展

因不可抗力全部或部分免除违约责任的规定：实践中，因不可抗力全部或部分免除违约责任，是常见的免责事由。免除多大的责任要分析不可抗力对合同的影响程度：①当事人延迟履行后发生不可抗力的，不能免除责任；②确因不可抗力不能履行合同时，应及时向对方通报不能履行的具体情况，以尽可能减轻对方的损失，并在合理期限内提供证明。

损失赔偿的特殊规定：①损失赔偿不包含精神损害；②受害方对损失的扩大有故意或过失的，可减轻、免除违约方的赔偿责任；③受害方因防止损失扩大而支出的合理费用，由违约方承担。

四、任务思考

1. 我国法定的免责事由有哪些？

2. 违约责任的承担方式有哪些？

模块三　担保法律制度

项目一　保证

项目二　抵押

项目三　质押、留置和定金

项目一 保证

【项目目标】

完成本项目的学习后，你应该能：

1. 掌握保证成立的条件；
2. 认识两种保证方式的风险；
3. 清楚保证的效力。

【项目任务描述】

本项目分为掌握保证成立的条件、认识两种保证方式的风险、清楚保证的效力三个任务。通过本项目的学习与操作，能让学员掌握保证成立的条件、认识两种保证方式的风险、清楚保证的效力。通过学习，增强学员对本项目的学习兴趣，提高学员的动手能力、观察分析能力、沟通协作能力，提升职业素养，理论联系实际，运用所学知识指导生产经营实践，在借贷、买卖、货物运输、加工承揽等经济活动中，用担保方式保障债权的实现。

任务一 掌握保证成立的条件

【导入案例】

2014 年 12 月 15 日，某银行支行(以下简称 A 支行)信贷科长与 B 公司法定代表人张某找到 C 公司法定代表人李某，向李某提交 A 支行尚未盖章的空白格式

《保证合同》，要求C公司为A支行贷款给B公司提供担保，其中约定保证期为自合同确定的借款到期之次日起2年。李某认为保证期限约定过长，因此在合同第十二条“双方约定的其他事项”中手书“担保有效期限为9个月”字样，在签字盖章后交给A支行信贷科长，信贷科长表示更改保证期限作为科长无权决定，需交予银行领导审核，并将合同文本带走。后双方对A支行是否将双方均签字盖章后的《保证合同》送达给C公司存在争议。2014年12月17日，A支行与B公司签订《借款合同》，并向B公司发放期限为1年的流动资金贷款150万元。2015年1月13日，B公司发生重大安全事故导致公司歇业。2015年3月16日，A支行以公证方式向C公司送达《关于要求承担连带担保责任的函》；C公司复函称：“至今未取得贵行签章认可的《保证合同》，不知担保是否得到贵行认可，及贵行是否发放贷款未知。贵行要求我公司履行连带保证，我公司无所适从。”2015年7月，A支行向B公司送达提前收贷通知书，随后起诉要求B公司偿还借款本息，C公司承担连带保证责任。

思考：

1. 本保证合同是否成立？

2. 如何预防类似纠纷的发生？

一、学习准备

（一）知识准备

保证的概念及成立条件

(1)保证的概念。

保证是指第三人为债务人的债务履行作担保，保证人和债权人约定，当债务人不履行债务时，保证人按照约定履行债务或者承担责任的行为。保证是一种从属于主债的合同，一般保证的保证人并非主债的当事人。

(2)保证成立条件。

①保证人应具有代偿能力。

凡是具有代为清偿债务能力的法人、其他组织或者公民，都可以作保证人。但国家机关(经国务院批准的除外)、学校、幼儿园、医院等以公益为目的的事业单位、社会团体不得为保证人；企业法人的分支机构(有法人书面授权的除外)、职能部门不能做保证人；任何单位和个人不得强令银行等金融机构或企业为他人提供担保。

②保证人有承担保证责任的明确意思表示。

保证人自愿与债权人签订保证合同，不受其他任何单位和个人的强迫。

③保证人与债权人应当以书面形式订立保证合同。

(二)资料准备

1. 利用图书馆或网络,下载《担保法》全文,阅读第一条至第十五条。

2. 收集保证纠纷资料。

3. 教师准备的资料单:保证纠纷案例等资料。

二、项目设计与项目实施

(一)项目设计

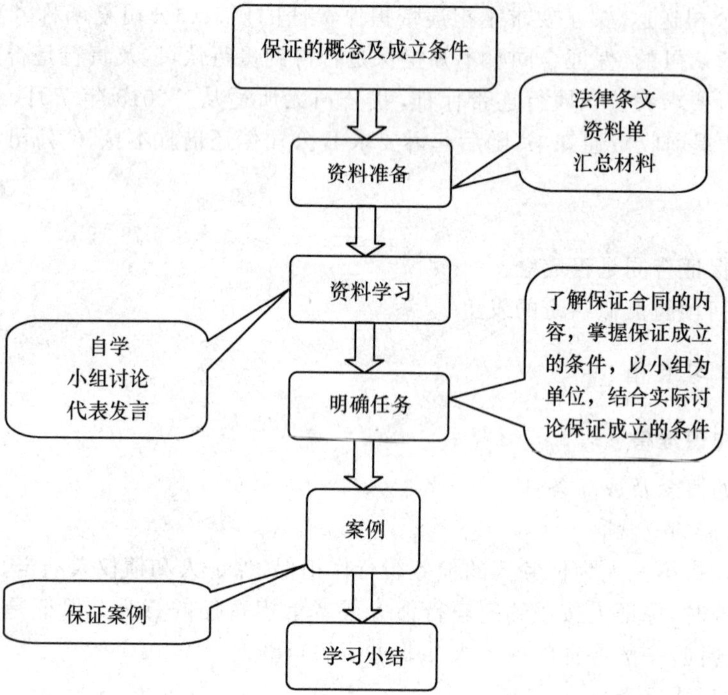

(二)项目实施

1. 安排学员课前通过图书馆、资料室、网络、实地调查等途径查找保证担保方式有关资料。

2. 根据所收集的资料,组织学员讨论保证成立的条件。

3. 教师组织学员学习知识拓展内容,让学员了解保证合同的形式及内容。

4. 教师组织学员学习知识拓展内容,让学员了解担保人如何降低风险。

5. 教师利用导入案例,解析怎样签订保证合同。

6. 教师评价学员的学习情况,布置任务思考题。

三、导入案例解析

在导入案例中，A 支行信贷科长向 C 公司法定代表人李某提交格式保证合同，李某在该合同中手书“担保有效期限为 9 个月”、签字并加盖公司合同印章、写明日期后，将合同交付 A 支行人员；此后 A 支行行长在保证合同上签字、加盖支行印章，写明签章日期，此时债权人与保证人即已达成合意。按照《合同法》的解释，手写条款(非格式条款)是通过单独谈判而确定的条款，其效力优于印刷条款；在有上述保证合同的前提下，A 支行与 B 公司签订了《借款合同》，并向 B 公司发放贷款 150 万元。主合同成立，应认定保证合同成立。

为了防范风险，在采用格式担保合同文本时，涉及合同标的、担保额度、担保期限、合同履行地点和方式、违约责任和解决争议方法等对合同文本的实质性变更，应由各方协商一致并以书面形式作出。

四、知识拓展

保证合同的内容相关规定：①《担保法》第十五条规定了保证合同的内容，即被保证的主债权种类、数额，债务人履行债务的期限，保证的方式，保证担保的范围，保证的期间，双方认为需要约定的其他事项；②保证合同的内容不完备的，可以补正。保证合同可以独立存在，也可以保证条款或保证人签章的形式证明其成立。

反担保的规定：①担保人为了降低风险，在为债务人向债权人提供担保时，可以要求债务人提供反担保；②反担保人可以是债务人，也可以是债务人之外的其他人。反担保方式可以是债务人提供的抵押或者质押，也可以是其他人提供的保证、抵押或者质押。

五、任务思考

保证成立的条件有哪些？

任务二　认识两种保证方式的风险

【导入案例】

2014 年 6 月初，市民张某急需一笔资金从事副食品生意，他找到朋友王某，想借款人民币 10 万元。王某同意，双方于 6 月 20 日签订了借款合同，合同约定：张某向王某借款人民币 10 万元，从 6 月 23 日起，借期为 6 个月。

6 月 23 日，王某将钱交给张某后，要求张某提供担保，张某便找到从事木材生意的朋友刘某，要其向王某担保，刘某立即写了一份担保书，写明“如果张某到期不还款，我愿承担全部的还款责任”，并在担保书上签了字。2014 年 12 月 23 日，王某按约定向张某要求还款 10 万元，并要求支付利息。由于张某的生意做得不顺，赔了本，还不上借款。王某遂找到刘某要求其承担担保责任，刘某称王某应找张某还款，拒不承担还款义务。王某遂诉至人民法院，要求刘某承担还款责任以及利息。

思考：

1. 什么是一般保证、连带责任保证？它们有什么区别？

2. 本案中刘某的担保是一般保证还是连带责任保证。

一、学习准备

（一）知识准备

担保的方式分为人保与物保：人保又称保证，可分为一般保证与连带责任保证；物保包括抵押、质押、留置、定金等。

1. 一般保证

担保法第十七条、第十八条的规定，当事人在保证合同中约定，债务人不能履行债务时，由保证人承担保证责任的，为一般保证。

一般保证的债权人首先应向债务人追偿债务，而不能直接向保证人主张权利。保证人在主合同纠纷未经审判或仲裁，并就债务人财产依法强制执行仍不能履行债务前，可以拒绝承担保证责任。但出现下列情形之一时，保证人不得行使上述权利：①债务人住所变更，致使债权人要求其履行债务发生重大困难的；②人民法院受理债务人破产案件中，中止执行程序的；③保证人以书面形式放弃上述权利的。

2. 连带责任保证

连带责任保证是指债务人在主合同规定的期限届满而未履行债务的，债权人可以要求债务人履行债务，也可以要求保证人在其保证范围内承担保证责任。可见，连带责任保证比一般保证更为严格。

3. 一般保证与连带责任保证的区别

根据《担保法》的规定，关于一般保证责任，不能直接向保证人主张其承担保证责任，必须先对债务人提起诉讼，在债务人没有履行能力，或者在强制执行其财产后，仍不能清偿债务的情况下，方可要求保证人履行保证责任。关于连带责任保证，保证人与债务人处于同一顺序，只要债务人不履行债务，债权人可以要求其中任何一人首先履行债务，也可以一并要求债务人履行债务，保证人承担保证责任。

对保证人而言，承担一般保证责任的风险远小于连带保证责任。

(二)资料准备

1. 利用图书馆或网络，查阅《担保法》第十六条至第二十条。

2. 收集保证方式资料。

3. 教师准备的资料单：保证方式案例等资料。

二、项目设计与项目实施

(一)项目设计

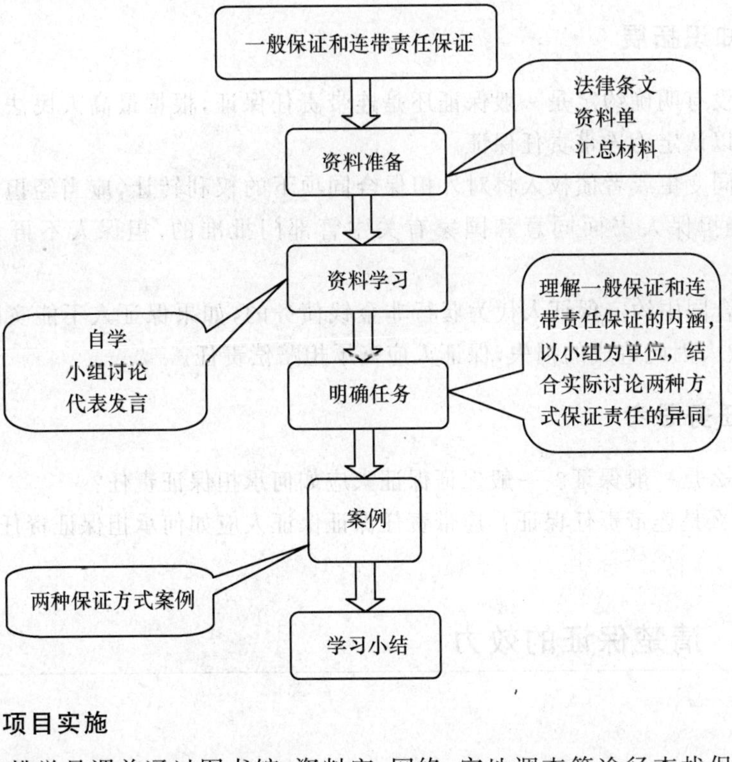

(二)项目实施

1. 安排学员课前通过图书馆、资料室、网络、实地调查等途径查找保证方式有关资料。

2. 根据所收集的资料，组织学员讨论两种保证方式的不同风险。

3. 教师组织学员学习知识拓展内容，让学员了解主合同变更或者债权人将对外担保合同项下的权利转让，担保人如何承担保证责任。

4. 教师利用导入案例，解析两种保证方式的适用，教师评价学员的学习情况，布置任务思考题。

三、导入案例解析

在导入案例中，刘某向王某出具了书面担保书，符合最高人民法院司法解释的规定，应认定担保合同成立并生效，刘某应就该10万元债务承担担保责任。

刘某在担保书中写明“如果张某到期不还款，我愿承担全部的还款责任”。可见刘某的担保属于一般保证，在这种保证方式下，债权人王某应先起诉本案债务人张某，在对张某的财产依法强制执行仍不能履行义务情况下，刘某才承担还款的责任。因此，王某直接起诉刘某还款是不对的。

四、知识拓展

如果没有明确约定是一般保证还是连带责任保证，根据最高人民法院的司法解释就可以认定为连带责任保证。

主合同变更或者债权人将对外担保合同项下的权利转让，应当经担保人书面同意，未经担保人书面同意和国家有关主管部门批准的，担保人不再承担担保责任。

保证合同中约定保证人代为履行非金钱债务的，如果保证人不能实际代为履行，对债权人因此造成的损失，保证人应当承担赔偿责任。

五、任务思考

1. 什么是一般保证？一般保证保证人应如何承担保证责任？

2. 什么是连带责任保证？连带责任保证保证人应如何承担保证责任？

任务三　清楚保证的效力

【导入案例】

2013年8月1日，被告向小容与原告重庆农村商业银行股份有限公司涪陵支行签订了《保证担保借款合同》，合同约定：被告向小容向原告下属的两个分理处借款人民币1.5万元，月利率为6.6375‰，还款日期为2014年2月1日，被告沈腊春为被告向小容提供连带责任保证。合同签订后，原告下属的两个分理处即按约定将借款人民币1.5万元支付给被告向小容。借款到期后，被告向小容未归还原告的借款。原告遂于2014年12月16日诉至人民法院，请求判令被告向小容归还原告借款人民币1.5万元并支付利息，合同期内的利息按约定计算，合同期外的利息按中国人民银行规定的逾期贷款利率计算，被告沈腊春承担连带清偿责任。另外，原告在主债务履行期届满之日起6个月内未要求被告沈腊春承担保证责任，也未提供被告沈腊春愿意继续为被告向小容的该笔借款承担保证责任的证据。

思考：本案中沈腊春是否应为被告向小容的该笔借款承担保证责任？

一、学习准备

（一）知识准备

1. 保证责任的范围

保证担保的范围包括主债权及利息、违约金、损害赔偿金和实现债权的费用。当事人可以约定保证责任的范围的大小，选择其中一项或几项或全部进行担保。当事人对保证担保的范围没有约定或者约定不明确的，保证人应当对全部债务承担责任。

2. 保证责任期间

保证人可与债权人约定保证责任期间，保证人在约定或法定的保证责任期间承担保证责任。保证人与债权人未约定保证期间的，保证期间为主债务履行期届满之日起6个月。在合同约定的保证期间和上述款规定的保证期间，债权人未对债务人提起诉讼或者申请仲裁的，保证人免除保证责任。

3. 共同保证

共同保证是指两个或两个以上的保证人为同一债务同时或分别提供担保，共同承担保证责任。

4. 主合同变更对保证责任的影响

主合同协议变更，应取得保证人书面同意，否则，保证人不再承担保证责任。保证合同另有约定，从其约定。保证期间，如债权人同意债务人转让债务，应取得保证人书面同意，对未经其同意转让的债务，保证人免除保证责任。

（二）资料准备

1. 利用图书馆或网络，查阅《担保法》第二十一条至第三十二条及《最高人民法院关于适用〈中华人民共和国担保法〉若干问题的解释》(以下简称《关于适用〈中华人民共和国担保法〉若干问题的解释》)第一十三条至第四十六条。

2. 收集共同保证及主合同变更对保证责任的影响资料。

3. 教师准备的资料单:共同保证及主合同变更对保证责任的影响案例、文章、现实表现等资料。

二、项目设计与项目实施

(一)项目设计

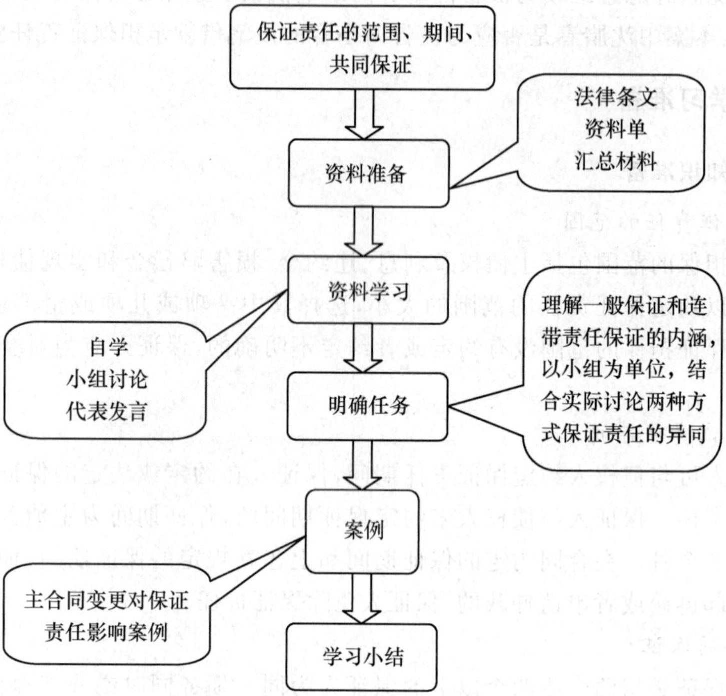

(二)项目实施

1. 安排学员课前通过图书馆、资料室、网络、实地调查等途径查找保证的效力有关资料。

2. 根据所收集的资料,组织学员讨论保证责任的范围。

3. 教师组织学员学习知识拓展内容,让学员了解共同保证中保证人如何承担保证责任,承担保证责任后怎样追偿。

4. 教师利用导入案例,解析正确把握保证期间的重要性。

5. 教师评价学员的学习情况,布置任务思考题。

三、导入案例解析

在导入案例中，原告重庆农村商业银行股份有限公司涪陵支行（债权人）与被告沈腊春（担保人）之间未约定保证期间，因此保证期间为主债务履行期届满之日起6个月内。而原告在这个法定期间未向担保人主张权利，也未提供证据证明担保人愿意继续为该笔借款承担保证责任。所以，原告重庆农村商业银行股份有限公司涪陵支行提出的判令被告沈腊春承担连带清偿责任的主张不能成立，应依法予以驳回。沈腊春（担保人）不再承担保证责任。

四、知识拓展

根据《关于适用〈中华人民共和国担保法〉若干问题的解释》第二十条的规定，同一债务有两个以上保证人的，保证人应当按照保证合同约定的保证份额，承担保证责任。没有约定保证份额的，保证人承担连带责任，债权人可以要求任何一个保证人承担全部保证责任，保证人都负有担保全部债权实现的义务。已经承担保证责任的保证人，有权向债务人追偿，或者要求承担连带责任的其他保证人清偿其应当承担的份额。

一般保证的保证人可以向债权人提供债务人可供执行财产的真实情况，债权人放弃或者怠于行使权利致使该财产不能被执行，保证人可以请求人民法院在其提供可供执行财产的实际价值范围内免除保证责任。

同一债权可以既有保证又有第三人提供物的担保，当事人对保证担保的范围或者物的担保的范围没有约定或者约定不明的，承担了担保责任的担保人，可以向债务人追偿，也可以要求其他担保人清偿其应当分担的份额。

五、任务思考

1. 保证责任的范围有哪些？
2. 主合同变更对保证责任有哪些影响？

项目二　抵押

【项目目标】

完成本项目的学习后，你应该能：
1. 了解抵押物的范围；
2. 掌握抵押权实现的法律规定；
3. 明晰抵押权的效力。

【项目任务描述】

本项目分为了解抵押物的范围、掌握抵押权实现的法律规定、明晰抵押权的效力三个任务。通过本项目的学习与操作，能让学员了解抵押物的范围、掌握抵押权实现的法律规定、明晰抵押权的效力。通过学习，增强学员对本项目的学习兴趣，提高学员的动手能力、观察分析能力、沟通协作能力，提升职业素养，理论联系实际，运用所学知识指导生产经营实践，在借贷、买卖、货物运输、加工承揽等经济活动中，用担保方式保障债权的实现。

任务一　了解抵押物的范围

【导入案例】

小陈为了向银行申请个人消费贷款，用自己的一辆轿车作抵押，该车价值15万元。借款合同签订当日，双方就该车办理了抵押登记手续。后小陈在驾车外出途中被一辆货车由后面追尾，造成车辆严重损坏，价值减至 9 万元。经查，造成该起交通事故的全部责任在货车司机。此外，货车司机已准备赔偿小陈经济损失5 万元。

思考：

1. 汽车可以作为抵押物吗？为什么还要办理抵押登记手续？

2. 如果银行要求小陈另外提供担保，以确保其到期还本付息，这种要求是否合理？

3. 对于赔偿费 5 万元，银行能否用其作为担保？

一、学习准备

（一）知识准备

1. 抵押的概念

抵押是指债务人或者第三人不转移对某一特定物的占有，而将该财产作为债权的担保，债务人不履行债务时，债权人有权依照《担保法》的规定以该财产折价或者以拍卖、变卖该财产的价款优先受偿。该债务人或者第三人为抵押人，债权人为抵押权人，提供担保的财产为抵押物。

抵押的目的不在于对抵押物的收益和使用，而在于担保债的履行；抵押物主要是债务人或者第三人提供的不动产；抵押权人不占有抵押物。

2. 抵押物的范围

可以抵押的财产包括：①抵押人所有的房屋和其他地上定着物；②抵押人所有的机器、交通运输工具和其他财产；③抵押人依法有权处分的国有的土地使用权、房屋和其他地上定着物；④抵押人依法有权处分的国有的机器、交通运输工具和其他财产；⑤抵押人依法承包并经发包方同意抵押的荒山、荒沟、荒丘、荒滩等荒地的土地使用权；⑥依法可以抵押的其他财产。

不得抵押的财产包括：①土地所有权；②耕地、宅基地、自留地、自留山等集体所有的土地使用权；③学校、幼儿园、医院等以公益为目的的事业单位、社会团体的教育设施、医疗卫生设施和其他社会公益设施；④所有权、使用权不明或者有争议的财产；⑤依法被查封、扣押、监管的财产；⑥依法不得抵押的其他财产。

抵押人所担保的债权不得超出抵押物的价值。财产抵押后，该财产的价值大于所担保债权的余额部分，可再次抵押，但不得超出其余额部分。

3. 抵押物的登记与登记部门

《担保法》对应当办理抵押物登记的财产和登记部门作出了明确规定：

(1)以无地上定着物的土地使用权抵押的，为核发土地使用权证书的土地管理部门；

(2)以城市房地产或者乡(镇)、村企业的厂房等建筑物抵押的，为县级以上地方人民政府规定的部门；

(3)以林木抵押的，为县级以上林木主管部门；

(4)以航空器、船舶、车辆抵押的，为运输工具的登记部门；

(5)以企业的设备和其他动产抵押的，为财产所在地的工商行政管理部门。

当事人以其他财产抵押的，可以自愿办理抵押物登记，抵押合同自签订之日起生效。当事人未办理抵押物登记的，不得对抗第三人。

(二)资料准备

1. 利用图书馆或网络，查阅《担保法》第三十三条至第四十五条。
2. 收集现实中违法抵押的资料。
3. 教师准备的资料单：违法抵押的案例、文章、现实表现等资料。

二、项目设计与项目实施

(一)项目设计

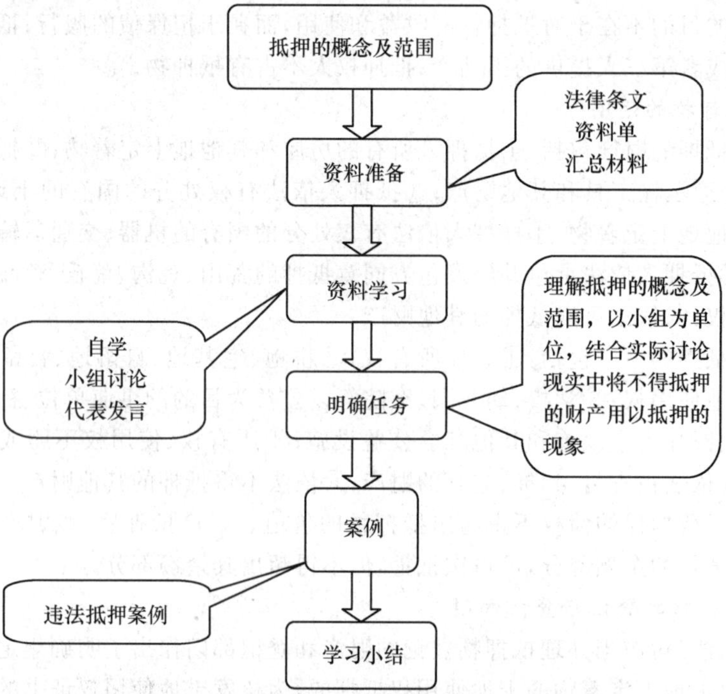

(二)项目实施

1. 安排学员课前通过图书馆、资料室、网络、实地调查等途径查找抵押物有关资料。

2. 根据所收集的资料，组织学员讨论抵押物的范围。

3. 教师组织学员学习知识拓展内容，让学员了解抵押物登记的必要性。

4. 教师利用导入案例，解析抵押物价值减少时抵押人的责任、债权人如何保障其担保债权，教师评价学员的学习情况，布置任务思考题。

三、导入案例解析

在导入案例中，抵押人小陈拥有该车辆所有权，可以作为抵押物；按照《担保法》的规定，应当办理抵押物登记，抵押合同自登记之日起生效。"以航空器、船舶、车辆抵押的，为运输工具的登记部门"，所以，小陈需到交管部门办理抵押物登记手续后，抵押合同才能生效。

根据《担保法》的规定，抵押人对抵押物价值减少无过错的，抵押权人只能在抵押人因损害而得到的赔偿范围内要求提供担保。抵押物价未减少的部分，仍作为债权的担保。本案中，既然造成抵押物损失的全部责任在货车司机，小陈并无可归责的过错，因此，银行无权要求小陈提供新的担保，银行可就汽车价值减少部分的赔偿金 5 万元行使担保权。

四、知识拓展

为了充分保障抵押权的实现，设立抵押物时最好办理抵押物登记。如果抵押人转让抵押物未通知抵押权人或者未告知受让人的，如果抵押物已经登记的，抵押权人仍可以行使抵押权；如果抵押物未经登记的，抵押权不得对抗受让人，因此给抵押权人造成损失的，由抵押人承担赔偿责任。

五、任务思考

1. 哪些财产不可以作为抵押物？

2. 哪些财产作为抵押物应到相关部门进行登记？

任务二　掌握抵押权实现的法律规定

【导入案例】

张某欲开办一个酒店，但资金不足，于 2013 年以自己的房屋 4 间作抵押向农业银行贷款 8 万元,并办理了登记手续。之后张某把房屋中向西的 2 间租给了李某,在经营酒店的过程中,张某又向工商银行贷款 4 万元并以上面的 4 间房屋作抵押,签订了抵押合同,办理了登记手续,又用同一办法在建设银行贷款 2 万元,也办理了登记手续。2014 年 5 月,张某归还了农业银行 4 万元、工商银行 2 万元、建设银行 1 万元。张某将 4 间房屋中靠东的 2 间卖给了孙某,孙某知道房屋上设有抵押权,但又在靠东面的侧墙新建了一个大厨房。2014 年 10 月,张某的酒店倒闭,此时仍欠农业银行 4 万元,工商银行 2 万元,建设银行 1 万元。在 2014 年 7 月,农业银行将 2 万元贷款的抵押权转让给了工商银行,现贷款已到期,张某无力偿还。

思考:

1. 张某与承租人李某的房屋租赁合同在 4 间房屋都抵押后是否继续有效?
2. 农业银行将抵押权单独转让的行为是否有效?
3. 工商银行、农业银行、建设银行如何实现自己的抵押权?
4. 若工商银行的债权先到期,农业银行的债权未到期,应如何处理?

一、学习准备

(一)知识准备

1. 抵押权的设立

抵押权依抵押行为而设立。抵押行为是当事人双方以意思表示设定抵押权的法律行为,其具体表现形式为抵押合同。

抵押人和抵押权人应以书面方式订立抵押合同,其内容应包括:①被担保的主债权种类、数额。②债务履行期限。③抵押物的名称、数量、质量、状况、所在地、所有权权属或使用权权属。④抵押担保的范围,包括主债权及利息、违约金、损害赔偿金和实现抵押权的费用。抵押合同另有约定的,从其约定。⑤双方认为需约定的其他事项。合同内容不完备的,可补正。

2. 抵押权的实现

债务履行期限届满,债务人未履行债务的,双方协议可以抵押物折价或以拍卖、变卖该抵押物所得价款受偿;协议不成的,抵押权人可以向人民法院提起诉讼。抵押物折价或拍卖、变卖后,其价款超过债权数额的部分归抵押人所有,不足部分由债务人清偿。

同一财产向两个以上债权人抵押的,抵押物拍卖、变卖后的价款按以下顺序清偿:①抵押合同以登记生效的,按照抵押物登记的先后顺序清偿;顺序相同的,按照债权比例清偿;②抵押合同自签订之日起生效的,该抵押物已登记的,按照第①项规定清偿;未登记的,按照合同生效时间的先后顺序清偿,顺序相同的,按照债权比例清偿。抵押物已登记的先于未登记的受偿。

抵押权因抵押物灭失而消灭。因灭失所得的赔偿金,应当作为抵押财产。

(二)资料准备

1. 利用图书馆或网络,查阅《担保法》第三十三条至第六十二条,查阅《关于适用〈中华人民共和国担保法〉若干问题的解释》第四十七条至第七十八条。

2. 收集抵押物灭失后,抵押人与抵押权人产生纠纷的资料。

3. 教师准备的资料单:抵押物灭失后,抵押人与抵押权人产生纠纷的资料。

二、项目设计与项目实施

(一)项目设计

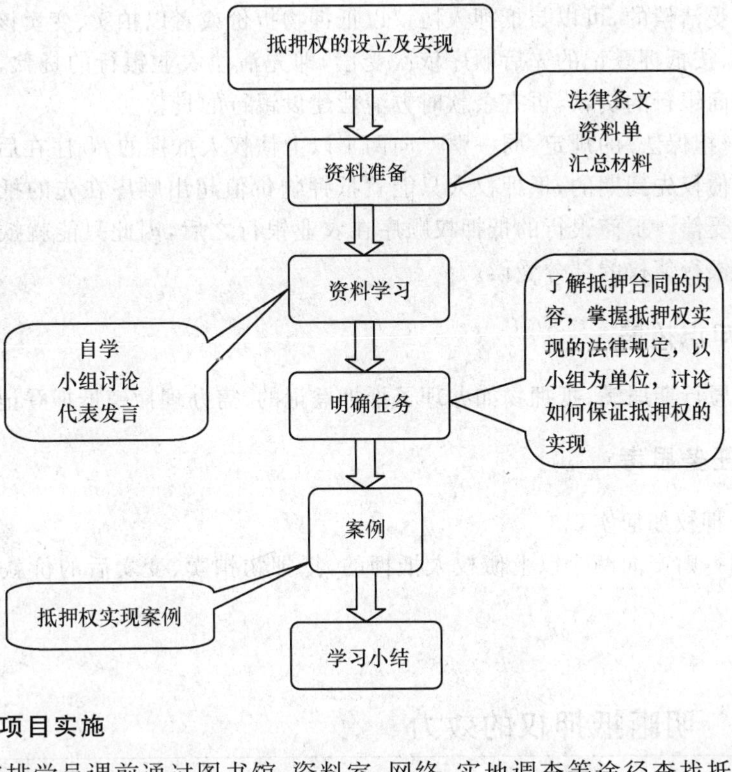

(二)项目实施

1. 安排学员课前通过图书馆、资料室、网络、实地调查等途径查找抵押权设立及实现有关资料。

2. 根据所收集的资料,组织学员讨论同一财产向两个以上债权人抵押的,抵押物拍卖、变卖后的价款的清偿顺序。

3. 教师利用导入案例,解析抵押权如何实现。

4. 教师评价学员的学习情况,布置任务思考题。

三、导入案例解析

张某与承租人李某的租赁房屋合同在4间房屋都抵押后继续有效。根据《担保法》的规定,抵押人将已出租的财产抵押的,应当书面告知承租人,原租赁合同继有效。

农业银行将抵押权单独转让无效。根据《担保法》第五十条的规定,抵押权不得与债权分离而单独转让或者作为其他债权的担保。抵押权从属于债权,只能随债权一齐转让。

工商银行、农业银行、建设银行可以根据《担保法》的规定,债权履行期届满抵押权人未受清偿的,可以与抵押人协议以抵押物折价或者以拍卖、变卖该抵押物所得的价款,按抵押登记的先后顺序依次受偿,即先清偿农业银行的贷款,有余款时再清偿工商银行的贷款,再有余款时方清偿建设银行的贷款。

根据《担保法》的规定,同一财产向两个以上债权人抵押的,顺序在后的抵押权所担保的债权先到期的,抵押权人只能就抵押物价值超出顺序在先的抵押担保债权的部分受偿。工商银行的抵押权顺序在农业银行之后,因此只能就抵押物价值超出农业银行债权的部分受偿。

四、知识拓展

债务履行期届满,抵押物如办理了抵押登记的,需办理撤销抵押登记手续。

五、任务思考

1. 抵押权如何实现?

2. 同一财产向两个以上债权人抵押的,抵押物拍卖、变卖后的价款按什么顺序清偿?

任务三 明晰抵押权的效力

【导入案例】

李某为个人独资企业业主,因经营规模扩大,他向A商业银行贷款100万元,双方签订了抵押合同,以李某享有产权的价值150万元的商品房作抵押,并约定李某到期不偿还贷款本息,该房屋产权自动归商业银行所有,李某有义务协助A商业银行办理产权过户手续,后双方还办理了抵押物登记手续。债务履行期届满后,李某因经营不善,无力还款。此时,A商业银行要求李某协助其办理房屋产权过户手续,李某未予理睬。A商业银行遂起诉至人民法院,请求人民法院确认抵押标的物归自己所有。

思考:

1. A商业银行是否可以取得李某抵押房屋的所有权?

2. A商业银行应通过什么方式取得抵押权?

一、学习准备

(一)知识准备

1. 抵押人的义务

抵押人的义务包括:保持抵押物完好的义务;处分已登记的抵押物的,有告知抵押权人和受让人或其他相关人的义务。

2. 抵押人转让抵押物的规定

抵押人可转让抵押物,在抵押期间,该财产已办理登记的抵押物的,应当通知抵押权人并告知受让人转让物已抵押的情况。抵押人未通知抵押权人或未通知受让人的,转让行为无效。转让抵押物的价款明显低于其价值的,抵押权人可以要求抵押人提供相应的担保;抵押人不提供的,不得转让抵押物。

抵押人转让抵押物所得的价款,应当向抵押权人提前清偿所担保的债权或者向与抵押权人约定的第三人提存。超过债权数额的部分,归抵押人所有,不足部分由债务人清偿。

3. 债务履行期届满,债务人不履行债务时,抵押权人的权利

在债务人不履行债务时,抵押权人就抵押物变卖后的价金有优先受偿权。

债务履行期届满,债务人不履行债务致使抵押物被人民法院依法扣押的,自扣押之日起抵押权人有权收取由抵押物分离的天然孳息以及抵押人就抵押物可以收取的法定孳息。抵押权人未将扣押抵押物的事实通知应当清偿法定孳息的义务人的,抵押权的效力不及于该孳息。

4. 抵押权的消灭

抵押权与其担保的债权同时存在,债权消灭的,抵押权也消灭。

(二)资料准备

1. 利用图书馆或网络,查阅担保法、《关于适用〈中华人民共和国担保法〉若干

问题的解释》相关条款。

2. 收集抵押期间抵押人违反法定义务的资料。

3. 教师准备的资料单:抵押期间抵押人违反法定义务的文章、案例等资料。

二、项目设计与项目实施

(一)项目设计

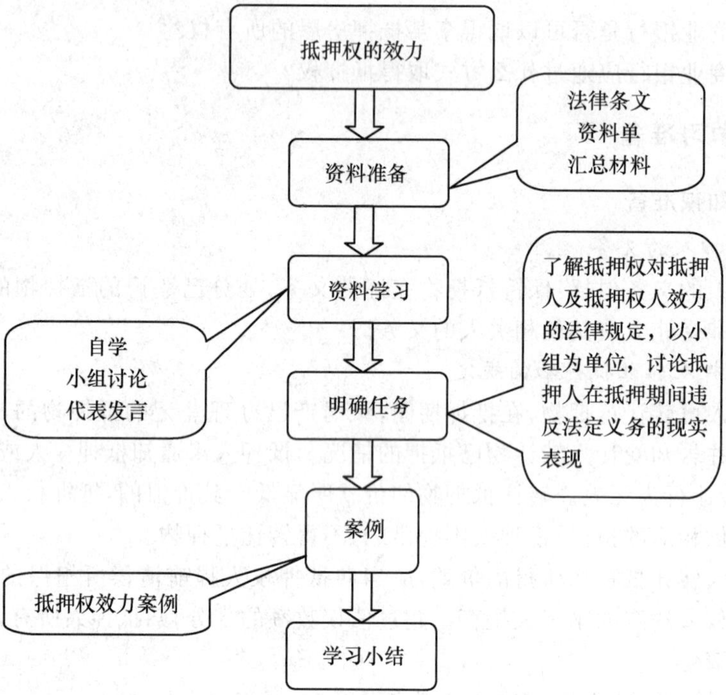

(二)项目实施

1. 安排学员课前通过图书馆、资料室、网络、实地调查等途径查找抵押权的效力有关资料。

2. 根据所收集的资料,组织学员以小组为单位讨论抵押人在抵押期间违反其法定义务的现实表现。

3. 教师组织学员学习知识拓展内容,让学员了解抵押能否作为其他债权的担保、能否与债权分离单独转让。

4. 教师利用导入案例,解析抵押物价值减少时抵押人的责任、债权人如何保障其担保债权。

5. 教师评价学员的学习情况，布置任务思考题。

三、导入案例解析

在导入案例中，李某与A商业银行之间有合法的借贷关系存在，并依法成立了抵押担保法律关系。但是，根据《担保法》的规定，订立抵押合同时，抵押权人和抵押人在合同中不得约定在债务履行期届满抵押权人未受清偿时，抵押物的所有权转移为债权人所有。所以，双方在抵押合同中约定李某到期不清偿贷款，抵押物归A商业银行所有为无效条款。

《担保法》作出以上禁止性规定，目的在于防止抵押人因一时的急迫，而以高价的抵押物来担保价额较低的债权，并被迫接受以抵押物冲抵价额较低的债权的不利后果，尤其在抵押物价格不断上涨时，这种约定会损害抵押人的利益。

所以，本案中李某与A商业银行之间的约定因违反法律的禁止性规定而无效。A商业银行不能直接取得该房屋的所有权，只能通过协议折价、变卖、拍卖抵押物来实现抵押权。

四、知识拓展

抵押权不得与债权分离而单独转让或者作为其他债权的担保。

抵押人的行为足以使抵押物价值减少的，抵押权人有权要求抵押人停止其行为。抵押物价值减少时，抵押权人有权要求抵押人恢复抵押物的价值，或者提供与减少的价值相当的担保。

抵押人对抵押物价值减少无过错的，抵押权人只能在抵押人因损害而得到的赔偿范围内要求提供担保。抵押物价值未减少的部分，仍作为债权的担保。

房产抵押向银行贷款的条件包括：①房屋抵押贷款要求房屋的年限在20年之内；②房屋的面积要大于50米^2；③房屋要有较强的变现能力；④房屋抵押贷款额度是房屋评估值的70%；⑤新房贷款的贷款期限最长不超过30年，二手房不超过20年；⑥一般为“房龄＋借款人年龄”，男性不超过65岁，女性不超过60岁。

五、任务思考

1. 抵押物价值减少时抵押人有什么责任？债权人如何保障其担保债权？
2. 抵押人有哪些法定义务？

项目三　质押、留置和定金

【项目目标】

完成本项目的学习后,你应该能:

1. 清楚质押的法律规定;
2. 掌握留置的主要内容;
3. 知晓定金罚则。

【项目任务描述】

本项目分为清楚质押的法律规定、掌握留置的主要内容、知晓定金罚则三个任务。通过本项目的学习与操作,能让学员了解质押、留置和定金的法律规定,清楚质押、留置与抵押有什么区别。通过学习,增强学员对本项目的学习兴趣,提高学员的动手能力、观察分析能力、沟通协作能力,提升职业素养,理论联系实际,运用所学知识指导生产经营实践,在借贷、买卖、货物运输、加工承揽等经济活动中,采用适合的担保方式保障债权的实现。

任务一　清楚质押的法律规定

【导入案例】

甲和乙系好友,甲因扩大店面急需资金向乙借款 10 万元,乙要求甲提供担保,甲将自己的奥迪车出质给乙,乙因自己不会开车,要求甲将该车开回。后甲向自然人丙借款10万元，又将该车出质给丙。丙对该车进行了占有。该奥迪车的价值为50万元。在丙占有期间，因丁向丙租用该车，丙未经甲同意，即与丁签订了租赁合同。丁因违章驾驶造成该车灭失，为此引起纠纷。

思考：

1. 本案中，甲与乙之间的质押合同是否生效？

2. 甲与丙之间存在何种法律关系？丙是否有权出租该车？

3. 甲可就该车损失向谁主张权利？为什么？

一、学习准备

（一）知识准备

1. 质押的概念、特征

质押是指债务人或者第三人将其动产或权利移交债权人占有，将该动产或权利作为债权的担保。债务人不履行债务时，债权人有权依照法律规定以所占有的财产折价或者以拍卖、变卖该财产的价款优先受偿。债务人或者第三人为出质人，债权人为质权人，移交的动产或权利为质物。

质押具有以下特征：

(1)质押涉及的标的是动产及权利（质权分为动产质权和权利质权），这是质押与抵押的一个区别。

(2)质押与抵押具有明确、相同的目的，即为担保债权的履行而设定。

(3)质物应移交债权人占有，这是质押与抵押的本质区别。

2. 质物的范围

质押可分为动产质押和权利质押，质物可分为动产质物和权利质物。动产质物是指出质人合法占有的一切动产。权利质物包括：汇票、支票、本票、债券、存款单、仓单、提单；依法可以转让的股份、股票；依法可以转让的商标专用权，专利权、著作权中的财产权；依法可以质押的其他权利。

3. 质权的设立

质权通常是以出质人和质权人以书面形式订立质押合同而设立的。质押合同应当包括以下内容：①被担保的主债权种类、数额；②债务人履行债务的期限；③质物的名称、数量、质量、状况；④质押担保的范围；⑤质物移交的时间；⑥当事人认为需要约定的其他事项。质押合同不完全具备上述规定内容的，可以补正。质押合同自质物移交于质权人占有时生效。

以汇票、支票、本票、债券、存款单、仓单、提单出质的，应当在合同约定的期限内将权利凭证交付质权人。质押合同自权利凭证交付之日起生效。以依法可以转让的股票、商标专用权、专利权、著作权中的财产权出质的，出质人与质权人应当订立书面合同，并向其管理部门办理出质登记。质押合同自登记之日起生效。

4. 质权的实现

债务履行期届满债务人履行债务的，或者出质人提前清偿所担保的债权的，质权人应当返还质物。债务履行期届满质权人未受清偿的，可以与出质人协议以质物折价，也可以依法拍卖、变卖质物。质物折价或者拍卖、变卖后，其价款超过债权数额的部分归出质人所有，不足部分由债务人清偿。为债务人质押担保的第三人，在质权人实现质权后，有权向债务人追偿。

质权因质物灭失而消灭。因灭失所得的赔偿金，应当作为出质财产。

5. 质权的效力

出质人和质权人在合同中不得约定在债务履行期届满质权人未受清偿时，质物的所有权转移为质权人所有。

质权人有权收取质物所生的孳息的同时，负有妥善保管质物的义务。因保管不善致使质物灭失或者毁损的，质权人应当承担民事责任。质权人不能妥善保管质物可能致使其灭失或者毁损的，出质人可以要求质权人将质物提存，或者要求提前清偿债权而返还质物。

质物有损坏或者价值明显减少的可能，足以危害质权人权利的，质权人可以要求出质人提供相应的担保。出质人不提供的，质权人可以拍卖或者变卖质物，并与出质人协议将拍卖或者变卖所得的价款用于提前清偿所担保的债权或者向与出质人约定的第三人提存。

股票、商标专用权，专利权、著作权中的财产权出质后，不得转让，但经出质人与质权人协商同意的可以转让。出质人转让股票所得的价款应当向质权人提前清偿所担保的债权或者向与质权人约定的第三人提存。

质权与其担保的债权同时存在，债权消灭的，质权也消灭

(二)资料准备

1. 利用图书馆或网络，查阅《担保法》第四章及《关于适用〈中华人民共和国担保法〉若干问题的解释》中关于质押部分的解释。

2. 收集抵押期间质权的设立条件、质押效力的资料。

3. 教师准备的资料单：质权的设立条件、质押效力的文章、案例等资料。

二、项目设计与项目实施

(一)项目设计

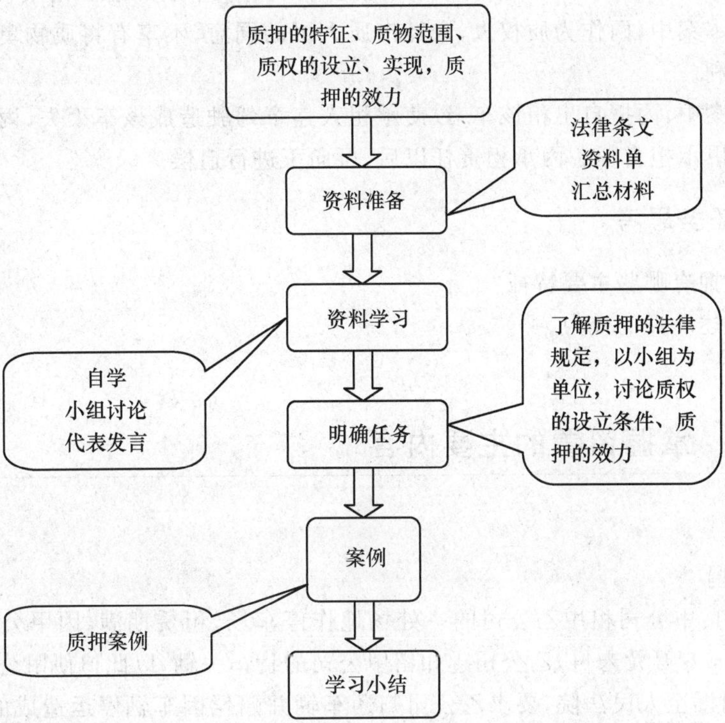

(二)项目实施

1. 安排学员课前通过图书馆、资料室、网络、实地调查等途径查找质押有关资料。

2. 根据所收集的资料,组织学员讨论哪些合同适合质押担保。

3. 教师利用导入案例,解析质押的效力、质押与抵押的区别。

4. 教师评价学员的学习情况,布置任务思考题。

三、导入案例解析

依据《担保法》的规定,出质人和质权人应当以书面形式订立质押合同,质押合同自质物移交于质权人占有时生效。本案中,甲与乙之间签订了质押合同,虽然是双方真实意思的表示,但该质押合同只具备成立要件,不具备生效要件,因为质押合同的生效以质权人占有质物为要件,乙放弃了质物的占有,故乙的质权未生效。

甲与丙双方签订了质押合同,且将质物奥迪车交付于丙占有,甲与丙之间的质权生效,他们之间存在质权法律关系。依照相关规定,质权人在质权存续期间未经出质人同意擅自使用、出租、处分质物,因此给出质人造成损失的,由质权人承担赔偿责任。本案中,丙作为质权人,未经出质人甲的同意,不享有将质物奥迪车出租于丁的权利。

在本案中,丙擅自出租该车,致使承租人违章驾驶造成该车灭失,丙应对该车的损失向甲承担责任。丙承担责任以后,可向丁进行追偿。

四、任务思考

1. 质押有哪些主要特征?
2. 简述质押的效力。

任务二　掌握留置的主要内容

【导入案例】

案例 1:甲公司租用乙公司的一处场地作停车场,租赁期满,因甲公司尚欠乙公司租金 5.6 万元未付,乙公司遂扣留甲公司的货车一辆,以此迫使甲公司交付租金,甲公司诉至人民法院,要求乙公司归还车辆并赔偿因车辆停运造成的损失,乙公司答辩称其是依法行使留置权,并反诉要求甲公司给付租金。

案例 2:某修船厂为某渔业公司维修 5 艘渔船,修理费共计 23.7 万元,约定完工后两个月内付款,但修船厂见渔业公司经营不景气,唯恐届时要不回修理费,遂扣留了渔业公司的 1 艘渔船,要求渔业公司立即付清修理费,双方多次协商未果。渔业公司诉至人民法院,要求修船厂归还渔船并赔偿因扣船造成的损失,

思考:

1. 案例 1 中乙公司是否具有对甲公司车辆的留置权?

2. 案例 2 中修船厂是否可以扣留渔业公司的渔船?是否需赔偿渔业公司的损失?

一、学习准备

(一)知识准备

1. 留置的概念、特征

留置是指保管合同、运输合同、加工承揽合同债权人按照合同约定占有债务人的动产,债务人不按照合同约定的期限履行债务的,债权人有权依照《担保法》规定留置该财产,以该财产折价或者以拍卖、变卖该财产的价款优先受偿。

留置具有以下特征:

(1)留置与质押、抵押具有明确、相同的目的,即为担保债权的履行而设定;

(2)留置的标的是债务人的动产,当债权受偿前,债权人可拒绝返还留置物,在债务人不按法定或约定期限履行债务时,债权人可以就留置物受偿,这是留置与抵押、质押的区别;

(3)留置是依法进行的行为,而非依当事人约定而设定,这是留置权与抵押权、质权的本质区别。

2. 留置的内容

(1)留置担保的范围。

留置担保的范围包括主债权及利息、违约金、损害赔偿金、留置物保管费用和实现留置权的费用。

(2)留置担保的期间。

债权人与债务人应当在合同中约定,债权人留置财产后,债务人应当在不少于2个月的期限内履行债务。债权人与债务人在合同中未约定的,债权人留置债务人财产后,应当确定2个月以上的期限,通知债务人在该期限内履行债务。

债务人逾期仍不履行的,债权人可以与债务人协议以留置物折价,也可以依法拍卖、变卖留置物。

(3)留置担保的债权人责任。

留置权人负有妥善保管留置物的义务。因保管不善致使留置物灭失或者毁损的,留置权人应当承担民事责任。在所担保的债权消灭,或虽未消灭,债务人另行提供担保且债权人接受时,应将留置物返还债务人。

(二)资料准备

1. 利用图书馆或网络,查阅《担保法》第五章及《关于适用〈中华人民共和国担保法〉若干问题的解释》中关于留置部分的解释。

2. 收集留置担保适用及留置担保期间的案例资料。

3. 教师准备的资料单:留置担保适用及留置担保期间的文章、案例等资料。

二、项目设计与项目实施

(一)项目设计

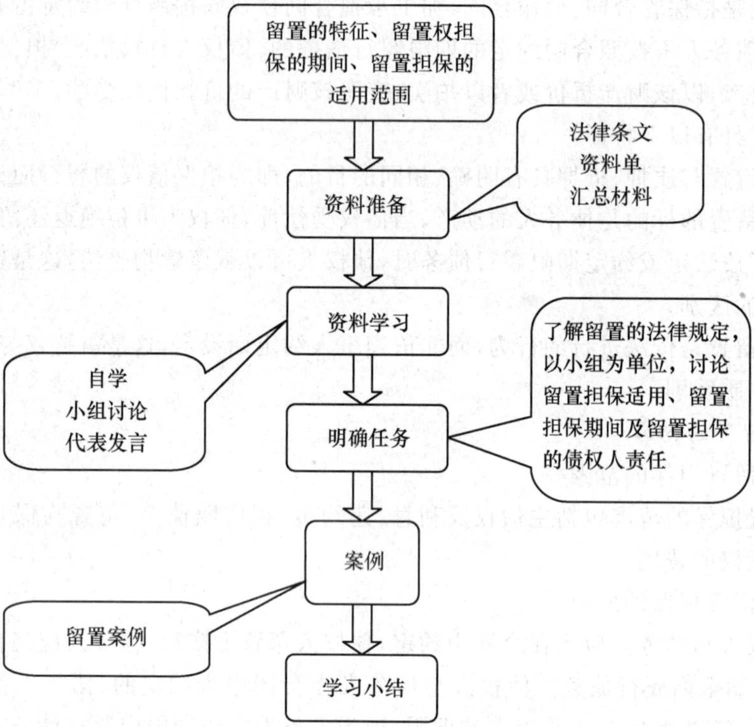

(二)项目实施

1. 安排学员课前通过图书馆、资料室、网络、实地调查等途径查找留置有关资料。

2. 根据所收集的资料,组织学员讨论总结留置担保运用中容易出现的问题。

3. 教师组织学习知识拓展内容,引导学员领会留置担保的适用范围

4. 教师利用导入案例,解析如何恰当行使留置权,教师评价学员的学习情况,布置任务思考题。

三、导入案例解析

在案例1中,乙公司并未因合同占有甲公司的车辆,不具备行使留置权的条

件，故其主张得不到人民法院的支持，不但没有因此实现保障债权的目的，反而被判赔偿对方损失。需要指出的是，并非按照任何合同占有债务人的财产都可以行使留置权，依照《担保法》的规定，仅因保管合同、运输合同、加工承揽合同和法律有明确规定的其他合同而占有债务人的财产时，才可以成立留置权。人民法院审理后依法判决甲公司给付乙公司租金 5.6 万元，但同时认为乙公司不符合行使留置权的条件，判决乙公司返还甲公司的货车并赔偿甲公司经济损失 2.7 万元。

在案例 2 中，根据《担保法》第八十二条的规定，债权人按照合同约定占有债务人的动产，债务人不按照合同约定的期限履行债务的，债权人有权依照该法规定留置该财产，以该财产折价或者以拍卖、变卖该财产的价款优先受偿。修船厂在其债权的清偿期尚未届满即行使留置权，留置渔船不符合法律规定，故而会败诉。

四、知识拓展

根据《担保法》第八十四条的规定，因保管合同、运输合同、加工承揽合同发生的债权，债务人不履行债务的，债权人有留置权。

当事人可以在合同中约定不得留置的物。

根据《担保法》第八十五条的规定，留置的财产为可分物的，留置物的价值应当相当于债务的金额。

根据《担保法》第八十七条的规定，留置物折价或者拍卖、变卖后，其价款超过债权数额的部分归债务人所有，不足部分由债务人清偿。

五、任务思考

1. 关于留置担保期间有哪些法律规定？
2. 留置担保方式适用于所有的合同吗？
3. 留置担保的债权人责任有哪些？

任务三　知晓定金罚则

【导入案例】

案例 1：李某与王某签订了房屋买卖合同，约定李某将北京市某区××号的房屋卖给王某，王某先交定金 2 万元，房屋总价款为 40 万元。王某表示同意，并于第二天上午将定金交与李某，余款在半个月内交清，并办理房屋过户手续。后王某得知该房为危房，根本不能入住，也不能办理房屋过户手续。于是要求李某双倍返还定金 4 万元，李某不予返还，王某诉至人民法院，请求人民法院判决李某双倍返还定金 4 万元。

案例 2：2014 年 8 月，王某同 A 国际旅行社签订东南亚 8 日游合同。合同规定：9 月 30 日旅游团离京直飞泰国；旅游费用每人共计 4 750 元，先交纳定金 3 800 元，用于办理护照、签证和订购机票等费用支出，余款取机票时付清。合同订立后，王某交付 3 800 元，旅行社开具了"定金"发票。2014 年 9 月 8 日，王某所在单位突然委派其到外地出差一个月，不可能按原计划参团出游，故提出解除所签订的旅游合同，并要求退还已交付的费用 3 800 元。旅行社称其交付的费用已用于办理护照、签证和机票的支付。王某要求旅行社提供有关凭证，如果确实已花费，同意合理扣除，但应退还余款。旅行社则认为，王某交付的 3 800 元是定金，无须返还。

思考：

1. 案例 1 中王某是否有权要求李某双倍返还定金 4 万元？

2. 案例 2 中王某交纳的 3 800 元是否为定金？

一、学习准备

(一)知识准备

定金是指合同当事人可以约定一方向对方给付一定数额的货币保证债权的实现的担保方式。

定金应当以书面形式约定。当事人在定金合同中应当约定交付定金的期限。定金合同从实际交付定金之日起生效。

定金的数额由当事人约定，但不得超过主合同标的额的 20%。

当事人约定以交付定金作为订立主合同担保的。债务人履行债务后，定金应当抵作价款或者收回。给付定金的一方不履行约定的债务的，无权要求返还定金；收受定金的一方不履行约定的债务的，应当双倍返还定金。

(二)资料准备

1. 利用图书馆或网络，查阅《担保法》第六章。

2. 收集留置定金的案例资料。

3. 教师准备的资料单：定金的文章、案例等资料。

二、项目设计与项目实施

(一)项目设计

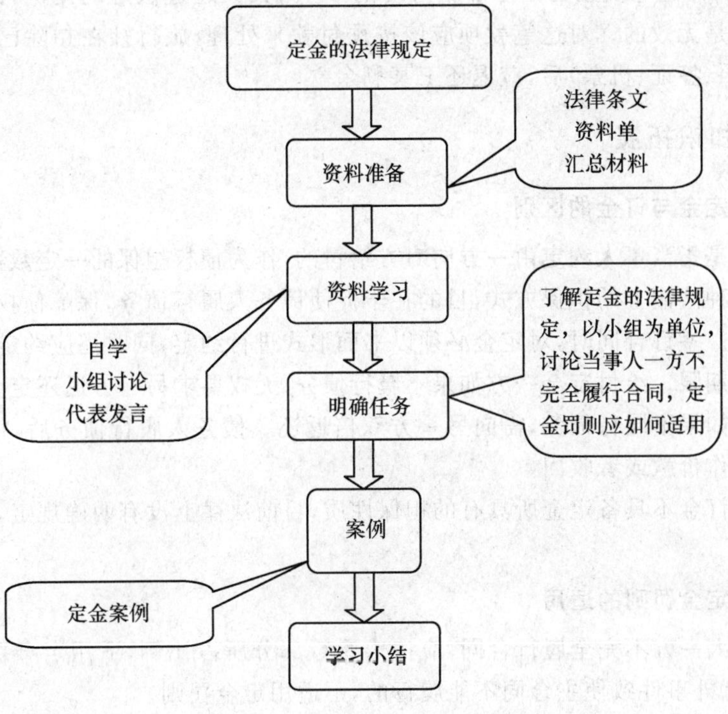

(二)项目实施

1. 安排学员课前通过图书馆、资料室、网络、实地调查等途径查找定金有关资料。

2. 教师组织学习知识拓展内容，组织学员讨论定金与订金的区别。

3. 教师组织学习知识拓展内容，引导学员领会当事人一方不完全履行合同，定金罚则适用。

4. 教师组织学员总结本项目内容，分组讨论学习感受，每组撰写不少于 800 字的学习体会。

三、导入案例解析

在案例 1 中，李某与王某所签订的合同，是李某故意隐瞒了该房屋是危房且无法办理房屋过户手续的事实，导致标的物无法交付，合同事实上不能履行，王某可以解除合同,并要求李某承担违约责任双倍返还定金 4 万元。

在案例 2 中,从实际情况来看,旅行社收取的这笔款项是旅游费价款的分期支付,属于给付债务的一部分;另外,依照《担保法》的规定,定金的数额不得超过合同标的 20%,而这笔费用已是全部旅游费的 80%;大大超过法定的比例,因此,就算是定金也是无效的。对这笔款项应该按预付款来处理,旅行社在扣除已发生的费用(如护照、签证、机票)后,应退还王某剩余款。

四、知识拓展

(一)定金与订金的区别

定金是指当事人约定由一方向对方给付的,作为债权担保的一定数额的货币,它属于一种法律上的担保方式,目的在于促使债务人履行债务,保障债权人的债权得以实现。签订合同时,对定金必须以书面形式进行约定,同时还应约定定金的数额和交付期限。给付定金一方如果不履行债务,无权要求另一方返还定金;接受定金的一方如果不履行债务,需向另一方双倍返还。债务人履行债务后,依照约定,定金应抵作价款或者收回。

而对订金不具备定金所具有的担保性质,目前法律上没有明确规定,一般可视为预付款。

(二)定金罚则的适用

当事人一方不完全履行合同,应按未履行部分所占比例,适用定金罚则;因不可抗力、意外事件致使主合同不能履行的,不适用定金罚则。

模块四　市场管理法律制度

项目一　产品质量法

【项目目标】

完成本项目的学习后，你应该能：
1. 掌握生产者及销售者的产品质量义务；
2. 清楚违反产品质量法所需承担的民事责任。

【项目任务描述】

本项目分为掌握生产者及销售者的产品质量义务、清楚违反产品质量法所需承担的民事责任两个任务。通过本项目的学习与操作，能让学员掌握生产者及销售者的产品质量义务、清楚违反产品质量法所需承担的民事责任。通过学习，增强学员对本项目的学习兴趣，提高学员的动手能力、观察分析能力、沟通协作能力，提升职业素养，理论联系实际，运用所学知识指导生产经营实践。

任务一　掌握生产者及销售者的产品质量义务

【导入案例】

宋某在商场购买了一台彩色电视机，并附有产品合格证。宋某使用两个多月后，电视机出现图像不清的现象，后来音像全无。宋某去找商场要求更换，商场言称电视机不是他们生产的，让宋某找电视机厂进行交涉。

思考：根据法律规定，商场应如何处理此事？

一、学习准备

(一)知识准备

1. 概念及相关知识

产品是指经过加工制作，用于销售的产品。为了加强对产品质量的监督管理，提高产品质量水平，明确产品质量责任，保护消费者的合法权益，维护社会经济秩序，我国制定了《中华人民共和国产品质量法》(以下简称《产品质量法》)。该法1993年2月22日由第七届全国人大常委会第30次会议通过，并2000年7月8日进行了修改。

2. 生产者的产品质量义务

生产者的产品质量义务包括作为的义务和不作为的义务两个方面。

(1)作为的义务。

①生产者应当使其生产的产品达到以下质量要求，即不存在危及人身、财产安全的不合理危险，有保障人身健康的人身、财产安全的国家标准、行业标准的，应符合该标准。

②除对产品存在使用性能的瑕疵作出说明外，产品质量应当具备基本的使用性能。

③产品的实际质量应符合在产品或包装上注明采用的产品标准，并符合以产品说明、实物样品等方式表明的质量状况。

④除裸装的产品和其他根据产品的特点难以附加标识的产品可以不附加产品标识外，其他任何产品或产品包装上均应当有标识。产品标识应当符合下列要求，即有产品质量检验合格证明及中文标明的产品名称、生产厂名和厂址；根据产品的特点和使用要求，需要标明产品规格、等级、所含主要成分的名称和含量的，要相应予以标明；限期使用的产品，应当标明生产日期和安全使用期或失效日期；使用不当，容易造成产品本身损害或可能危及人身、财产安全的产品，应有警示标志或中文警示证明。

⑤产品包装应符合规定的要求。剧毒、危险、易碎、储运中不能倒置以及有其他特殊要求的产品，其包装必须符合相应要求，有警示标志或中文警示说明，以标明储藏运输的注意事项。

(2)不作为的义务。

不作为的义务主要表现:生产者不得生产国家明令淘汰的产品;生产者不得伪造产地,不得伪造或冒用他人的厂名、厂址;生产者不得伪造或冒用认证标志、名优标志等质量标志;生产者生产产品,不得掺杂、掺假,不得以次充好,不得以不合格产品冒充合格产品。

3. 销售者的产品质量义务

(1)认真执行进货检查验收的制度,验明产品的合格证明和其他标识。产品销售者在执行进货检查验收时,主要应当查明该产品是否有产品的批准生产文号、合格证明、生产日期、保质期等,对于属于名优产品的,还需要查明该名优产品的标识是否真实,是否属于假冒伪劣产品。

(2)采取措施,保证销售产品的质量。产品的销售者应当根据产品的自身特点,采取相应的保护措施,如保湿、冷藏等措施,保证产品自验收入货时起至售出止,其品质不产生根本性的变化。

(3)不得销售失效、变质的产品。

(4)销售者销售的产品标识,应当符合《产品质量法》关于产品或其包装上标识的各项规定。

(5)销售者不得伪造产地,不得伪造或冒用他人的厂名、厂址。

(6)销售者不得伪造或冒用认证标志、名优标志等质量标志。

(7)销售者销售商品、不得掺杂、掺假,不得以假充真,以次充好,不得以不合格产品冒充合格产品。

(二)资料准备

1. 利用图书馆或网络,查阅、下载《产品质量法》全文,阅读第二十六条至第三十九条。

2. 利用图书馆、网络、报纸杂志,收集生产者、销售者不履行产品质量义务的案例等资料。

3. 教师准备的资料单:生产者、销售者不履行产品质量义务的案例、文章等资料。

二、项目设计与项目实施

(一)项目设计

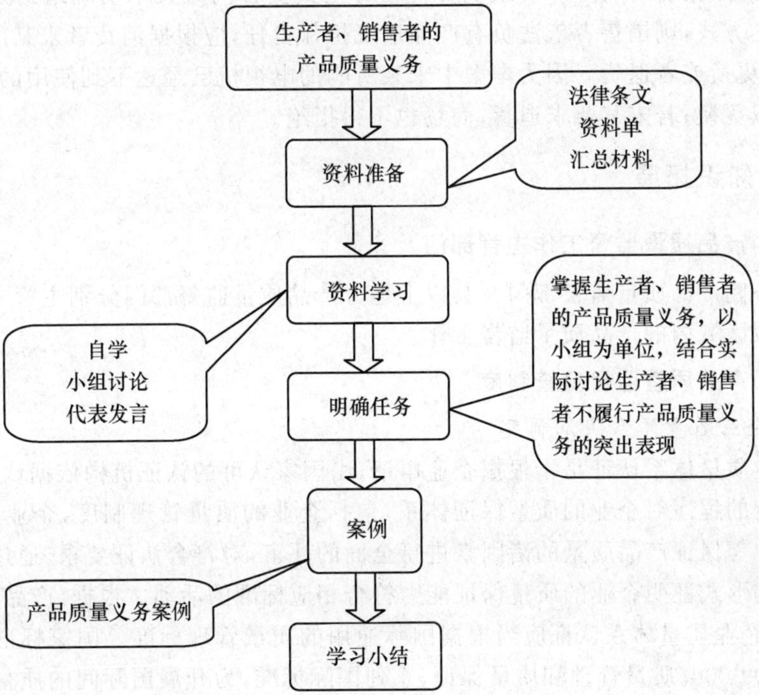

(二)项目实施

1. 安排学员课前通过图书馆、资料室、网络、实地调查等途径查找生产者、销售者的产品质量义务有关资料。

2. 结合所收集的资料,以小组为单位讨论实际中生产者、销售者不履行产品质量义务的突出表现。

3. 教师组织学习知识拓展内容,引导学员了解我国现行的产品质量监督检查体系、制度。

4. 教师利用导入案例,引导学员在遇到生产者、销售者不履行产品质量的义务时,如何正确处理。

5. 教师评价学员的学习情况,布置任务思考题。

三、导入案例解析

在导入案例中，宋某购买的电视机出现严重质量问题，销售者没有认真履行进货验收义务，销售者与生产者或供货者在订立买卖合同时又未明确地约定事后处理纠纷的方式，则销售者依法负有产品瑕疵担保责任，应根据消费者宋某的要求予以修理、更换或者退货。因为本案中宋某所购的电视机已经达不到使用的要求，商场应予以更换；若宋某要求退货，商场也不得拒绝。

四、知识拓展

（一）产品质量监督工作主管部门

国务院产品质量监督部门及县以上地方产品质量监督部门分别主管全国或地方本行政区域内的产品质量监督工作。

（二）产品质量监督检查制度

1. 企业质量体系认证制度

企业质量体系认证是指根据企业申请，由国家认可的认证机构依据认证标准，按照规定的程序对企业的质量保证体系，包括企业的质量管理制度，企业的生产、技术条件等保证产品质量的诸因素进行全面的评审，对符合认证要求，通过颁发认证证书的形式证明企业的质量保证能力符合相应标准的活动。根据《产品质量法》的规定，企业质量体系认证应当根据国际通用的质量管理标准。国家标准组织颁布了 ISO9 000《质量管理和质量保证》系列国际标准，为开展国际间的质量体系认证提供了统一的依据。我国于 1988 年正式发布等效采用 ISO9 000 系列标准的国家标准。

2. 产品质量认证制度

所谓产品质量认证，是由依法取得产品质量认证的认证机构依据有关的产品标准和要求，按照规定的程序对申请认证的产品进行工厂审查和产品检验，并对符合条件要求的，通过颁发认证证书和认证标志以证明该产品符合相应标准要求的活动。实施产品质量认证的机构，是国务院产品质量监督部门认可的或者经国务院产品质量监督部门授权的部门认可的认证机构。

3. 产品质量监督抽查制度

产品质量监督抽查制度是指国家对产品质量实行以抽查为主要方式的监督检查制度。

4. 社会监督制度

社会监督制度是指消费者有权就产品质量问题，向产品的生产者、销售者查询;向产品质量监督部门、工商行政管理部门及有关部门申诉,接受申诉的部门应当负责处理。保护消费者权益的社会组织可以就消费者反映的产品质量问题建议有关部门负责处理,支持消费者对因产品质量造成的损害向人民法院起诉。

五、任务思考

1. 产品生产者有哪些产品质量义务?
2. 产品销售者有哪些产品质量义务?

任务二　清楚违反产品质量法所需承担的民事责任

【导入案例】

2014 年 7 月,一户赵姓人家在为家中老人祝寿时,高压锅突然爆炸,儿媳妇被锅盖击中头部,抢救无效死亡。据负责高压锅质量检测的专家鉴定,高压锅爆炸的直接原因是高压锅的设计有问题,导致锅盖上的排气孔堵塞。由于高压锅的生产厂家距离遥远,赵家要求出售此高压锅的商场承担民事赔偿责任。但商场声称缺陷不是由自己造成的,而且商场在出售这种高压锅(尚处于试销期)的时候已与买方签订了一份合同,约定如果产品存在质量问题,商场负责退货,并双倍返还货款,因此商场只承担双倍返还货款的违约责任。

思考:赵家可否向该商场请求承担责任?为什么?

一、学习准备

(一)知识准备

1. 产品瑕疵责任

《产品质量法》第二十八条对产品瑕疵责任作出了明确、具体的规定。产品瑕疵责任又称产品瑕疵担保责任,是指因生产或销售的产品存在瑕疵,即产品质量不符合明示或默示的质量要求,生产者或销售者承担的责任。

(1)承担瑕疵责任的条件。

售出的产品有下列情形之一的,即构成承担瑕疵责任的条件:①不具备产品应当具备的使用性能而事先未作说明的;②不符合在产品或者其包装上注明采用的产品标准的;③不符合以产品说明、实物样品等方式表明的质量状况的。

前一项为默示担保,后两项为明示担保。只要存在上述情形的,不论是否造成损害后果,都应当赔偿。

(2)承担瑕疵责任的方式。

售出的产品有上述三种情形之一的,销售者应当负责修理、更换、退货,即通常说的“三包”;给购买产品的用户、消费者造成损失的,销售者应当赔偿损失。“赔偿”列在“三包”之后,是指用户、消费者在要求销售者进行修理、更换、退货的过程中,所发生的运输费、交通费、误工费等损失。

(3)履行瑕疵责任后的损失追偿。

销售者依照上述要求负责修理、更换、退货、赔偿损失后,属于生产者的责任或者属于向销售者提供产品的其他销售者(以下简称供货者)的责任的,销售者有权向生产者、供货者追偿。

2. 产品缺陷责任

《产品质量法》第二十九条至第三十四条对产品缺陷赔偿责任作出了详细的规定。

(1)生产者承担严格责任。

狭义的产品责任,是指产品缺陷而导致的损害赔偿,其性质为侵权责任。现今各国对生产者的产品责任归责原则都对生产者适用了无过错责任的严格责任原则,即产品的生产者在主观上没有过错,只要受害人的实际损害是由生产、销售的缺陷产品所造成的,且不具备法定的免责事由的,产品责任即告成立。

生产者承担产品责任的条件有三个:①产品存在缺陷,缺陷是指产品存在危及人身、他人财产安全的不合理的危险;②存在人身伤害、财产损害的事实;③缺陷与损害之间存在因果关系。

如果生产者能够证明有下列情形之一的,则不须承担赔偿责任:①未将产品投入流通的;②产品投入流通时,引起损害的缺陷尚不存在的;③将产品投入流通时的科学技术水平尚不能发现缺陷的存在的。

(2)销售者承担过错责任。

一般情况是实行过错责任原则。由于销售者的过错使产品存在缺陷,造成人身、他人财产损害的,销售者应当承担赔偿责任。

另一种情况是实行过错推定原则。销售者不能指明缺陷产品的生产者,也不能指明缺陷产品的供货者的,销售者应当承担赔偿责任。上述两种情况的前提仍然是存在缺陷,并且造成损害。

(3)受害者的索赔选择权和生产者、销售者之间的追偿权。

因产品存在缺陷造成他人人身、财产损害的,受害人可以向产品的生产者要求赔偿,也可以向产品的销售者要求赔偿。

如果由于生产者的责任造成损害,却由产品的销售者向受害者作出赔偿的,则产品的销售者在其所承担责任的范围内有权向产品的生产者追偿。如果由于销售者的责任造成损害,却由产品的生产者向受害人作出赔偿的,则产品的生产者有权在其所承担责任的范围内向产品的销售者追偿。

(4)赔偿范围。

因产品存在缺陷造成受害人人身伤害的,侵害人应当赔偿医疗费、治疗期间的护理费,因误工减少的收入、残疾者生活自助具费、生活补助费、残疾赔偿金以及由其扶养的人所必需的生活费等费用;造成受害人死亡的,应当支付丧葬费、死亡赔偿金以及由死者生前扶养的人所必需的生活费用等费用。

因产品存在缺陷造成受害人财产损失的,侵害人应当恢复原状或者折价赔偿。受害人因此遭受其他重大损失的,侵害人应当赔偿损失。

(5)诉讼时效。

因产品存在缺陷造成损害要求赔偿的诉讼时效期间为 2 年,自当事人知道或者应当知道其权益受到损害时起计算。

因产品存在缺陷造成损害要求赔偿的请求权,在造成损害的产品交付最初用户、消费者满 10 年后丧失。但是,如果生产者、销售者明示产品安全使用期,而该安全期又超出了 10 年的责任期限,那么在此安全期内因产品存在缺陷造成损害的,生产者、销售者仍应承担损害赔偿责任,受害人亦享有对生产者、销售者的损害赔偿请求权。

(二)资料准备

1. 查阅《产品质量法》第四十条至第四十八条。

2. 利用图书馆、网络、报纸杂志,收集生产者、销售者不履行产品质量义务而承担民事责任的案例等资料。

3. 教师准备的资料单:生产者、销售者不履行产品质量义务而承担民事责任的案例、文章等资料。

二、项目设计与项目实施

(一)项目设计

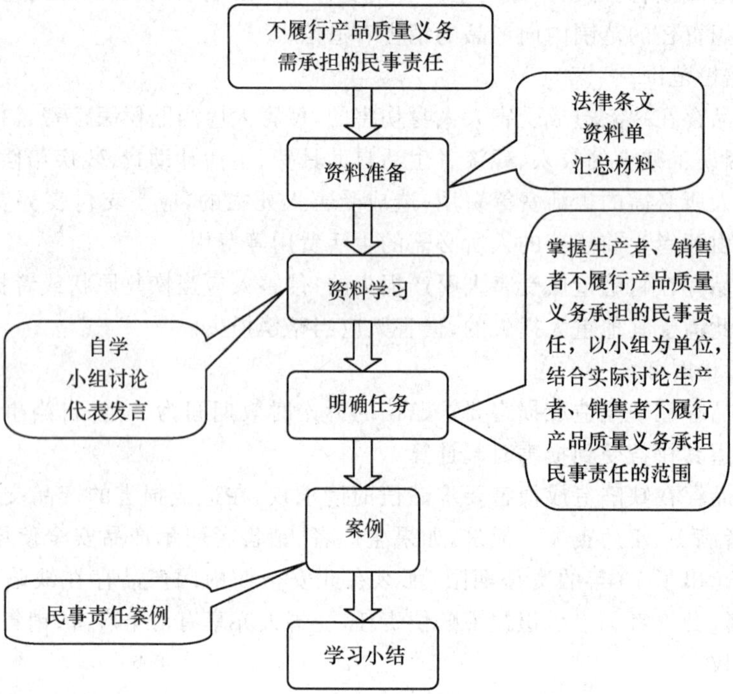

(二)项目实施

1. 安排学员课前通过图书馆、资料室、网络、实地调查等途径查找生产者、销售者不履行产品质量义务承担民事责任的有关资料。

2. 结合所收集的资料,以小组为单位讨论受害者的索赔选择权和生产者、销售者之间如何追偿。

3. 结合所收集的资料,以小组为单位讨论因产品存在缺陷受害者索赔范围。

4. 教师组织学习知识拓展内容,引导学员了解产品质量的行政责任、刑事责任。

5. 教师利用导入案例,引导学员清楚受害者的索赔选择权、诉讼时效。

6. 教师评价学员的学习情况,布置任务思考题。

三、导入案例解析

在导入案例中，赵家可以要求商场承担责任。根据《产品质量法》的规定，因产品存在缺陷造成他人人身、财产损害的，受害人可以向产品的生产者要求赔偿，也可以向产品的销售者要求赔偿。据此，赵家有权向商场要求承担责任。

四、知识拓展

(一)产品质量的行政责任

承担质量行政责任的主要形式是行政处分和行政处罚。行政处分是指对国家工作人员及由国家机关委派至企事业单位任职人员的违法行为，由所在单位或者上级主管机关给予的一种制裁性处理，按照行政检查法及国务院的有关规定，行政处分的种类包括警告、记过、降级、撤职、开除等。行政处罚是对有行政犯法的单位和个人予以的行政性的制裁，按照《中华人民共和国行政处罚法》的规定，行政处罚的种类包括警告、罚款、没收财物、责令停止生产或停止营业、吊销营业执照等。《产品质量法》在“罚则”一章中，针对违反《产品质量法》规定的不同行为，分别作了行政处罚的规定。

(二)产品质量的刑事责任

产品质量的刑事责任是指产品质量问题的严重违法行为，依照《中华人民共和国刑法》(以下简称《刑法》规定构成犯罪所应承担的法律后果。承担刑事责任的方式主要有罚款、拘役、判刑等。刑事责任是最严厉的法律责任。2009 年在修改后的新《刑法》第二编《分则》中，作为第三章第一节，专门对生产、销售伪劣商品构成犯罪的行为的刑事责任作了具体规定。在《产品质量法》“罚则”一章的有关条款中，对严重的质量违法行为，规定了要“依法追究刑事责任”。这里讲的“依法”主要就是指依照《刑法》的有关规定追究刑事责任。

五、任务思考

1. 产品瑕疵责任应由谁承担?
2. 生产者、销售者如何承担产品缺陷责任?

项目二　反不正当竞争法

【项目目标】

完成本项目的学习后，你应该能：

1. 把握不正当竞争行为种类；
2. 熟悉违反《反不正当竞争法》应承担的法律后果。

【项目任务描述】

本项目分为把握不正当竞争行为种类、熟悉违反反不正当竞争法应承担的法律后果两个任务。通过本项目的学习与操作，能让学员把握不正当竞争行为种类、熟悉违反反不正当竞争法应承担的法律后果。通过学习，增强学员对本项目的学习兴趣，提高学员的动手能力、观察分析能力、沟通协作能力，提升职业素养，在生产经营中合法竞争。

任务一　把握不正当竞争行为种类

【导入案例】

为了发展山区农村经济，甲县前几年投巨资扶持农民栽苹果树，几年过去，苹果树开始大量结果，但由于品种以及土壤、气候等原因，该县所产苹果太小、味酸、色泽不好，因此，苹果的销路一向不好。该县有一个佳美罐头厂，其生产的“佳美”牌苹果罐头和苹果汁的销量一直很好，自从县政府有关部门要求该罐头厂采购本县苹果作原料以来，销量急剧下降。

为了扭转这种局面，该罐头厂决定从外地采购原料，于是与乙县某地号称“苹果大王”的种植专业户刘金龙签订了购买苹果的协议。2014 年 8 月，刘金龙向罐头厂交付了第一批苹果，因品质优良，罐头厂非常满意，要求刘金龙继续向该厂提供苹果。因佳美罐头厂过去是县苹果最大的买家，现罐头厂不购买本县的苹果做原料，对于本来就打不开销路的果农来说更是雪上加霜，大量的苹果无人采购，大批的苹果烂掉，果农纷纷找到政府想办法，2014 年 8 月底，县政府一位副县长找到佳美罐头厂厂长，要求该厂不要到外地购买苹果，用本地苹果做原料。佳美罐头厂基于企业利益，予以拒绝，县政府于是通知工商行政管理部门，要求其联合相关部门上路设卡堵截，禁止外地苹果进入本县市场。2014 年 9 月 2 日。刘金龙按照合同的约定向佳美罐头厂交付第二批水果 5 000 千克，价值 3 万元，在路上被甲县工商行政管理部门截住，苹果被扣下，堆放在一农民的院坝里，无人看守。至 9 月中旬，甲县工商行政管理部门才许可刘金龙将苹果运往外地销售，此时，该批苹果由于霉烂、丢失，仅剩 500 千克，刘金龙损失 2.7 万元。为了使这批苹果运往外地销售，刘金龙还支付各种费用 2 500 元，佳美罐头厂也因原料短缺，被迫停工达两个星期，损失 8 万元左右。2014 年 10 月底，刘金龙向甲县人民法院提起诉讼，状告甲县工商行政管理部门。佳美罐头厂作为第三人参加了诉讼。

思考：

1. 本案中，甲县人民政府及工商行政管理部门的行为的性质如何？

2. 原告刘金龙的哪些损失和费用可以请求人民法院判决甲县工商行政管理部门予以赔偿？佳美罐头厂的损失能否直接请求甲县工商行政管理部门赔偿？为什么？

3. 对于甲县人民政府及工商行政管理部门，人民法院应作何处理？

一、学习准备

（一）知识准备

《反不正当竞争法》规定的不正当竞争行为有下列十一种。

1. 采用假冒或仿冒等混淆手段从事市场交易，损害竞争对手的行为

根据《反不正当竞争法》的规定，属于这类不正当竞争行为如下。

（1）假冒他人注册商标。

（2）擅自使用知名商品特有的名称、包装、装潢，或者使用与知名商品近似的名称、包装、装潢，造成和他人的知名商品相混淆，使购买者误认为是该知名商品。

（3）擅自使用他人的企业名称或姓名，引人误认为是他人的商品。

(4)在商品上伪造或冒用认证标志、名优标志等质量标志,伪造产地,对商品作引人误解的虚假表示。

2. 商业贿赂行为

商业贿赂行为是指经营者在市场交易活动中,为了争取交易机会,特别是为了获得相对于竞争对手的市场优势,通过秘密给付财物或者其他报偿等不正当手段收买客户的负责人、雇员、合伙人、代理人和政府有关部门工作人员等能够影响市场交易的有关人员的行为。

3. 引人误解的虚假宣传

引人误解的虚假宣传是指经营者利用广告或其他方法,对商品的质量、制作成分、性能、用途、生产者、有效期限、产地等作引人误解的宣传的行为。引人误解的虚假宣传,既包括虚假宣传,又包括引人误解的宣传两种类型。

4. 侵犯商业秘密的行为

经营者侵犯商业秘密的不正当竞争行为有以下几种表现形式:

(1)经营者以盗窃、利诱、胁迫或者其他不正当手段获取权利人的商业秘密;

(2)经营者披露、使用或允许他人使用以盗窃、利诱、胁迫或其他不正当手段获取的权利人的商业秘密;

(3)经营者违反约定或者违反权利人有关保守商业秘密的要求,披露、使用或者通知他人使用其所掌握的商业秘密;

(4)第三人在明知或应知商业秘密是经营者通过不正当手段获得并加以不法披露、使用或允许他人使用的情况下,仍然去获取、使用或者披露权利人的商业秘密。

5. 经营者以排挤竞争对手为目的,以低于成本价格销售商品

《反不正当竞争法》禁止经营者以排挤竞争对手为目的,以低于成本的价格销售商品,但规定了一些例外情形:

(1)销售鲜活商品;

(2)处理有效期限即将到期的商品或者其他积压的商品;

(3)季节性降价;

(4)因清偿债务、转产、歇业降价销售商品。

6. 附条件交易行为

附条件交易行为是指经营者利用自己的经济优势或经营上的优势,在销售商品或提供服务时,违背购买者的意愿,搭售其他商品或附加其他不合理的交易条件的行为。

7. 违反规定的有奖销售行为

有奖销售是指经营者以提供奖品或奖金的手段进行推销的行为。

《反不正当竞争法》禁止以下三种形式的有奖销售：

(1)采用谎称有奖或者故意让内定人员中奖的欺骗方式进行有奖销售；

(2)利用有奖销售的手段推销质次价高的商品；

(3)抽奖式的有奖销售，最高奖的金额超过 5 000 元。

8. 损害竞争对手信誉的行为

损害竞争对手信誉的行为是指经营者为了竞争的目的，故意捏造、散布虚伪的事实，损害竞争对手的商业信誉和商品声誉。

9. 投标、招标中的不正当竞争行为

《反不正当竞争法》规定了投标、招标中常见的两种类型的不正当竞争行为：

(1)投标者串通投标，抬高标价或压低标价的行为；

(2)投标者和招标者之间相互勾结，以排挤竞争对手的行为。

10. 公用企业或其他依法具有独占地位的经营者强制交易的行为

《反不正当竞争法》规定，公用企业或者其他依法具有独占地位的经营者，不得限定他人购买其指定的经营者的商品，以排挤其他经营的公平竞争。

11. 政府及其所属部门滥用行政权力限制竞争的行为

从《反不正当竞争法》的规定可以看出，政府及其所属部门滥用行政权力限制竞争的行为有：

(1)限定他人购买其指定的经营者的商品；

(2)限制其他经营者正当的经营活动；

(3)限制外地商品进入。

(二)资料准备

1. 利用图书馆或网络，查阅《反不正当竞争法》相关条文。

2. 利用图书馆、网络、报纸杂志，收集常见的不正当竞争行为的书面资料。

3. 教师准备的资料单：常见不正当竞争行为的案例、文章等书面资料。

二、项目设计与项目实施

(一)项目设计

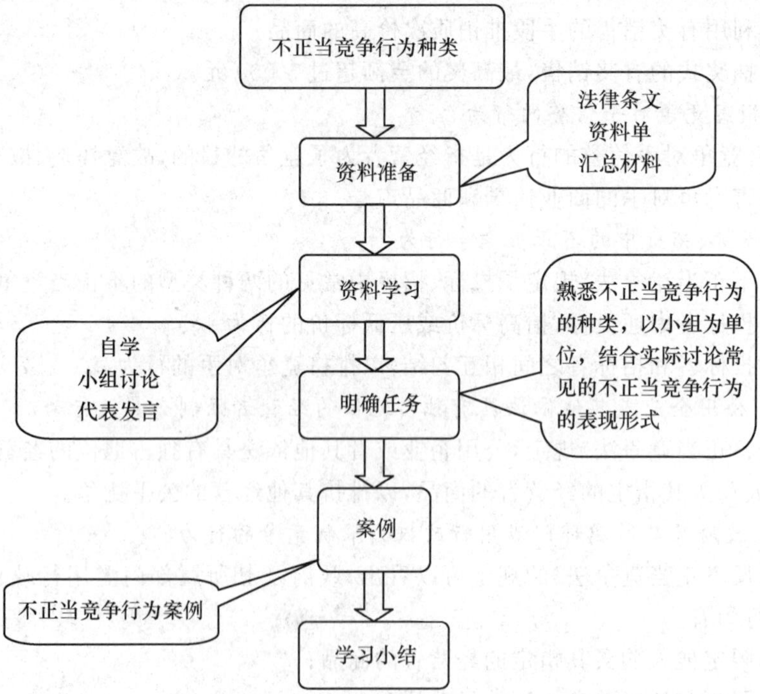

(二)项目实施

1. 安排学员课前通过图书馆、资料室、网络、实地调查等途径查找不正当竞争行为有关资料。

2. 结合所收集的资料,以小组为单位讨论常见的不正当竞争行为有哪些。

3. 教师组织学习知识拓展内容,引导学员了解不正当竞争行为的构成要件。

4. 教师利用导入案例,引导学员清楚不正当竞争行为的表现,鼓励学员要敢于和不正当竞争行为做斗争,保护自己的合法权益。

5. 教师评价学员的学习情况,布置任务思考题。

三、导入案例解析

在导入案例中,甲县人民政府及工商行政管理部门的行为是政府机构的限制竞争行为,为不正当竞争行为之一。

根据《反不正当竞争法》第二十条的规定，刘金龙的苹果直接损失 2.7 万元，以及其因苹果被扣而支出的费用 2 500 元可以一并请求甲县工商行政管理部门赔偿。根据《反不正当竞争法》第二十条第二款的规定，佳美罐头厂的经济损失也可以直接请求甲县工商行政管理部门予以赔偿，因为该经济损失是由于甲县人民政府及工商行政管理部门的不正当竞争行为直接造成的。

另外，根据《反不正当竞争法》第三十条的规定，人民法院除判决被告依法承担民事责任，并可以对被告处以罚款外，还应当向甲县人民政府的上一级人民政府提出司法建议，建议甲县人民政府的上级人民政府责令甲县人民政府停止其限制竞争的不正当竞争行为，并对有关责任人员给予行政处分。

四、知识拓展

不正当竞争是指经营者违反法律规定，损害其他经营者的合法权益，扰乱社会经济秩序的行为。

根据《反不正当竞争法》的规定，构成不正当竞争行为当具备以下要件：①不正当竞争行为的主体是市场经营者，即从事商品经营或者营利性服务的法人、其他经济组织和个人；②不正当竞争行为侵害的对象主要是同业经营者；③不正当竞争行为的违法性；④不正当竞争行为的危害性。

五、任务思考

不正当竞争行为的表现形式有哪些？

任务二　熟悉违反反不正当竞争法应承担的法律后果

【导入案例】

清源百货大楼股份有限公司（以下简称清源公司）和恒兴百货公司作为竞争对手，具有共同的经营范围。2014 年 3 月 7 日，为了吸引顾客，争夺市场，恒兴百货公司决定以有奖销售的方式进行促销。其有奖销售方式一推出，就吸引了大批顾客，其中还包括一部分原本属于清源公司的顾客。作为应对措施，清源公司董事长肖某于 2014 年 3 月 24 日召开紧急董事会，并决定开展有奖销售活动，具体办法及奖项如下：凡一日内在本公司购物满 80 元者，皆可获赠奖券一张，本次有奖销售设特等奖 1 名，奖价值 4.8 万元小汽车一辆；一等奖 3 名，奖价值 4 000 元彩电一台；

二等奖10名，奖价值1 000元洗衣机一台，另外还有三、四、五、六等奖。与此同时，清源公司还展开了强大的宣传攻势，在清源公司的对外广播中，公司称：本公司所设奖项皆由消费者公平竞争，而不像本市有的公司，虽然设奖，但公司内部职工知道一二等奖的设置，实际上一二等奖已由公司自己人摸去，如此欺骗、坑害消费者的行为实该谴责，务请广大消费者今后不要上当。许多消费者据此认定广播中所称的公司为恒兴百货公司。恒兴百货公司遂以清源公司为被告向人民法院提起诉讼。人民法院经调查后确认，在清源公司进行有奖销售之前，只有恒兴百货公司一家进行过有奖销售，且两公司相距甚近，更易使消费者相信"欺骗、坑害消费者"的公司为恒兴百货公司，恒兴百货公司的一二等奖是普通消费者所中。由于清源公司的虚假宣传，已使恒兴百货公司的商业信誉受到了影响。人民法院在审理此案的过程中，又有消费者反映清源公司的自行车不能骑，质量有严重问题，且特等奖被公司职工赵某买下的4张奖券所买中。人民法院判令清源公司立即停止侵权行为，赔偿原告经济损失5万元，诉讼费用862元由被告承担，并将有奖销售的其他问题交由市工商局处理。市工商局经调查发现，公司职工赵某实为代公司买下了特等奖，而公司所设四等奖中的自行车实为伪劣产品，严重损害了消费者的利益。工商局责令清源公司立即停止进行有奖销售，并罚款3万元。

思考：

1. 清源公司存在哪些不正当竞争行为？

2. 清源公司应承担什么法律后果？

一、学习准备

(一)知识准备

法律责任是指由于行为主体的违法行为而引起的自身应承担的不利的法律后果。不正当竞争行为不但侵害了其他经营者甚至消费者的合法权益，而且破坏了良好公平的市场经济秩序，是一种违法行为，必须受到法律的制裁，承担相应的法律责任。

1. 责任种类

(1)民事责任。

民事责任是法律责任的一种，是违反了民事法律规定的义务所应承担的法律责任。民事责任包括违反合同的责任和侵权行为的责任。不正当竞争行为民事法律责任是指市场经营者违反法律规定，实施了不正当竞争行为，给其他经营者的合法权益造成了非法侵害所要承担的民事法律后果。不正当竞争行为应承担的损害赔偿责任是一种因侵权行为而承担的民事责任。

不正当竞争行为给被侵害的经营者造成的损害主要是财产上的损害，所以承担损害赔偿责任的方式主要是赔偿财产损失，并以金钱赔偿为主，辅之以非财产损害的责任。

(2)行政责任。

行政责任是行为人违反行政法律的规定所应承担的一种法律后果。行政责任以行政违法为前提，其后果则是行政制裁。追究行政法律责任的形式主要是行政处分和行政处罚。

行政处分的形式有警告、记过、记大过、降级、降职、撤职、留用察看、开除等。《反不正当竞争法》规定的行政处罚形式主要有没收违法所得、罚款、吊销营业执照。

(3)刑事责任。

刑事责任是行为人违反刑事法律规定，依法应接受刑罚制裁的法律后果。不正当竞争的刑事法律责任是指经营者在市场经济活动中，违反《反不正当竞争法》，情节严重因而构成犯罪，依法应当承担的以刑罚为处罚形式的法律责任。其包括实施不正当竞争行为的经营者的刑事责任和监督检查不正当竞争行为的国家机关工作人员的刑事责任。

2. 具体规定

根据《反不正当竞争法》第四章的规定，经营者违反该法规定应承担的相应的、具体的法律责任如下。

(1)给被侵害的经营者造成损害的，应当承担损害赔偿责任，被侵害的经营者的损失难以计算的，赔偿额为侵权人在侵权期间因侵权所获得的利润；并应当承担被侵害的经营者因调查该经营者侵害其合法权益的不正当竞争行为所支付的合理费用。

被侵害的经营者的合法权益受到不正当竞争行为损害的，可以向人民法院提起诉讼。

(2)经营者假冒他人的注册商标，擅自使用他人的企业名称或者姓名，伪造或者冒用认证标志、名优标志等质量标志，伪造产地，对商品质量作引人误解的虚假表示的，依照《中华人民共和国商标法》《产品质量法》的规定予以处罚。

经营者擅自使用知名商品特有的名称、包装、装潢，或者使用与知名商品近似的名称、包装、装潢，造成和他人的知名商品相混淆，使购买者误认为是该知名商品的，监督检查部门应当责令停止违法行为，没收违法所得，可以根据情节处以违法所得1倍以上3倍以下的罚款；情节严重的，可以吊销营业执照；销售伪劣商品，构成犯罪的，依法追究刑事责任。

(3)经营者采用财物或者其他手段进行贿赂以销售或者购买商品,构成犯罪的,依法追究刑事责任;不构成犯罪的,监督检查部门可以根据情节处以1万元以上20万元以下的罚款,有违法所得的,予以没收。

(4)公用企业或者其他依法具有独占地位的经营者,限定他人购买其指定的经营者的商品,以排挤其他经营者的公平竞争的,省级或者设区的市的监督检查部门应当责令停止违法行为,可以根据情节处以5万元以上20万元以下的罚款。被指定的经营者借此销售质次价高商品或者滥收费用的,监督检查部门应当没收违法所得,可以根据情节处以违法所得1倍以上3倍以下的罚款。

(5)经营者利用广告或者其他方法,对商品作虚假宣传,监督检查部门应当责令停止违法行为,消除影响,可以根据情节处以1万元以上20万元以下的罚款。

广告的经营者,在明知或者应知的情况下,代理、设计、制作、发布虚假广告的,监督检查部门应当责令停止违法行为,没收违法所得,并依法处以罚款。

(6)侵犯商业秘密的,监督检查部门应当责令停止违法行为,可以根据情节处以1万元以上20万元以下的罚款。

(7)经营者违法进行有奖销售,监督检查部门应当责令停止违法行为,可以根据情节处以1万元以上10万元以下的罚款。

(8)投标者串通投标、抬高标价或者压低标价;投标者和招标者相互勾结,以排挤竞争对手公平竞争的,其中标无效。监督检查部门可以根据情节处以1万元以上20万元以下的罚款。

(9)经营者有违反被责令暂停销售,不得转移、隐匿、销毁与不正当竞争行为有关的财物的行为的,监督检查部门可以根据情节处以被销售、转移、隐匿、销毁财物的价款的1倍以上3倍以下的罚款。

政府及其所属部门违法限定他人购买其指定的经营者的商品、限制其他经营者正当的经营活动,或者限制商品在地区之间正常流通的,由上级机关责令其改正;情节严重的,由同级或者上级机关对直接责任人员给予行政处分。被指定的经营者借此销售质次价高商品或者滥收费用的,监督检查部门应当没收违法所得,可以根据情节处以违法所得1倍以上3倍以下的罚款。

监督检查不正当竞争行为的国家机关工作人员滥用职权、玩忽职守,构成犯罪的,依法追究刑事责任;不构成犯罪的,给予行政处分。监督检查不正当竞争行为的国家机关工作人员徇私舞弊,对明知有违反《反不正当竞争法》规定构成犯罪的经营者故意包庇不使其受追诉的,依法追究刑事责任。

(二)资料准备

1. 查阅《反不正当竞争法》相关条文。

2. 查阅不正当竞争行为承担法律责任的典型案例。

3. 教师准备的资料单:不正当竞争行为承担法律责任的案例、文章等资料。

二、项目设计与项目实施

(一)项目设计

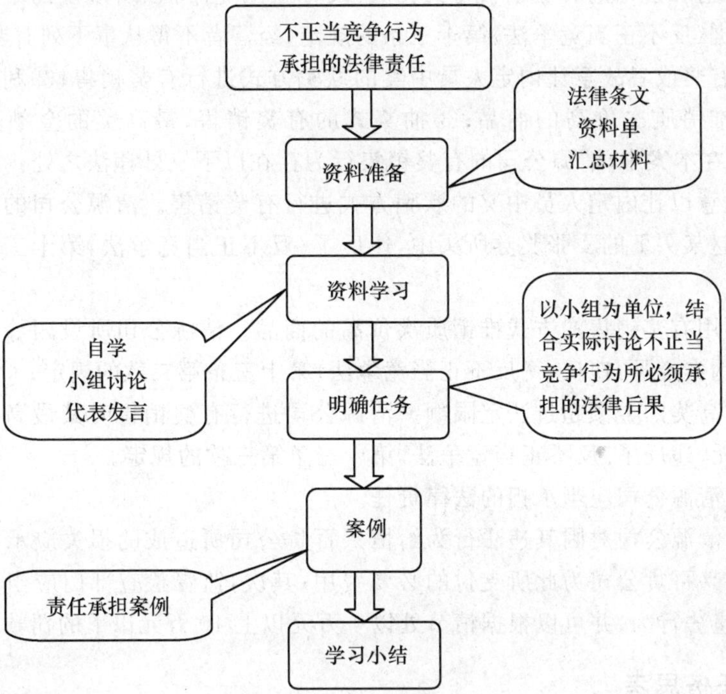

(二)项目实施

1. 安排学员课前通过图书馆、资料室、网络、实地调查等途径查找不正当竞争行为法律责任有关资料。

2. 教师利用导入案例,引导学员清楚各种不正当竞争行为所需承担的法律责任。

3. 教师评价学员学习情况,布置任务思考题。

三、导入案例解析

导入案例涉及经营者利用有奖销售从事不正当竞争行为的认定及其应承担的法律责任的问题。

第一，清源公司捏造、散布虚伪事实的行为构成不正当竞争。

根据《反不正当竞争法》第十四条的规定，经营者不得捏造、散布虚伪事实，损害竞争对手的商业信誉、商品信誉。本案中，清源公司为了打败竞争对手，捏造、散布虚伪事实，对外宣传恒兴百货公司的一二等奖由公司自己人摸去，严重影响了恒兴百货公司的商业信誉，违反了《反不正当竞争法》的规定。

第二，清源公司的有奖销售行为构成《反不正当竞争法》所规定的不正当竞争行为。根据《反不正当竞争法》第十三条的规定，经营者不得从事下列有奖销售：①采用谎称有奖或者故意让内定人员中奖的欺骗方式进行有奖销售；②利用有奖销售的手段推销质次价高的商品；③抽奖式的有奖销售，最高奖的金额不能超过5 000元。在本案中，清源公司的有奖销售行为存在以下三处违法之处：

(1)故意以让内定人员中奖的欺骗方式进行有奖销售。清源公司的特等奖被公司职工赵某买下的4张奖券所买中，违反了《反不正当竞争法》第十三条第一款的规定。

(2)利用有奖销售的方式推销质次价高的商品。清源公司所设四等奖中的自行车实为伪劣产品，违反了《反不正当竞争法》第十三条第二款的规定。

(3)最高奖的金额超过法定限额。清源公司进行有奖销售时其最高奖项金额为4.8万元，违反了《反不正当竞争法》第十三条第三款的规定。

第三，清源公司应当承担的法律责任。

首先，清源公司对因其违法行为给恒兴百货公司所造成的损失应承担赔偿责任，包括恒兴百货公司为此所支付的必要费用；其次，监督检查部门应当责令清源公司停止违法行为，并可以根据情节处以1万元以上10万元以下的罚款。

四、任务思考

不正当竞争行为承担的民事责任有哪些？

项目三　消费者权益保护法

【项目目标】

完成本项目的学习后，你应该能：

1. 知晓消费者的权利、经营者的义务；
2. 明白经营者的义务；
3. 理解消费者权益争议解决的方法；
4. 掌握违反消费者权益保护法的法律责任。

【项目任务描述】

本项目分为知晓消费者的权利、明白经营者的义务、理解消费者权益争议解决的方法、掌握违反消费者权益保护法的法律责任四个任务。通过本项目的学习与操作，能让学员知晓消费者的权利、明白经营者的义务、理解消费者权益争议解决的方法、掌握违反消费者权益保护法的法律责任。通过学习，增强学员对本项目的学习兴趣，提高学员的动手能力、观察分析能力、沟通协作能力，提升职业素养，规范自己的经营行为，维护社会正常的经济秩序。

任务一 知晓消费者的权利

【导入案例】

江某、李某、王某等在春季向县种子站购买了玉米种子准备春播。种下种子后发现秧苗出土寥寥无几，而且异常弱小，根本不能生长，江某等农民立即铲土起除，向邻县农户高价买来剩余种子种下，遭受损失颇大。经查明，江某等人向县种子站购买的该批种子系过时多年不能用的种子。

思考：

1. 江某等农户可否依法状告县种子站？

2. 县种子站侵犯了农民的什么权利？

一、学习准备

(一)知识准备

1. 消费者的概念

《中华人民共和国消费者权益保护法》(以下简称《消费者权益保护法》)第二条规定："消费者为生活消费需要购买、使用商品或者接受服务，其权益受本法保护；本法未作规定的，受其他有关法律、法规保护。"第六十二条规定："农民购买、使用直接用于农业生产的生产资料，参照本法执行"。可见《消费者权益保护法》所称的消费者是指为生活消费需要购买、使用商品或者接受服务的人。

2. 消费者的权利

消费者的权利是指在消费活动中，消费者依法享有的各项权利的总和。《消费者权益保护法》为消费者设立了相互独立又相互关联的九项权利。

(1)安全保障权。

消费者在购买、使用商品和接受服务时享有人身、财产安全不受损害的权利。消费者有权要求经营者提供的商品和服务，符合保障人身、财产安全的要求。

(2)知悉真情权。

消费者享有知悉其购买、使用的商品或者接受的服务的真实情况的权利。

消费者有权根据商品或者服务的不同情况，要求经营者提供商品的价格、产地、生产者、用途、性能、规格、等级、主要成分、生产日期、有效期限、检验合格证明、使用方法说明书、售后服务，或者服务的内容、规格、费用等有关情况。

(3)自主选择权。

消费者享有自主选择商品或者服务的权利。

消费者有权自主选择提供商品或者服务的经营者,自主选择商品品种或者服务方式,自主决定购买或者不购买任何一种商品、接受或者不接受任何一项服务。

消费者在自主选择商品或者服务时,有权进行比较、鉴别和挑选。

(4)公平交易权。

消费者享有公平交易的权利。

消费者在购买商品或者接受服务时,有权获得质量保障、价格合理、计量正确等公平交易条件,有权拒绝经营者的强制交易行为。

(5)获取赔偿权。

消费者因购买、使用商品或者接受服务受到人身、财产损害的,享有依法获得赔偿的权利。

(6)结社权。

消费者享有依法成立维护自身合法权益的社会组织的权利。

(7)获得相关知识权。

消费者享有获得有关消费和消费者权益保护方面的知识的权利。消费者应当努力掌握所需商品或者服务的知识和使用技能,正确使用商品,提高自我保护意识。

(8)受尊重权。

消费者在购买、使用商品和接受服务时,享有人格尊严、民族风俗习惯得到尊重的权利,享有个人信息依法得到保护的权利。

(9)监督批评权。

消费者享有对商品和服务以及保护消费者权益工作进行监督的权利。

消费者有权检举、控告侵害消费者权益的行为和国家机关及其工作人员在保护消费者权益工作中的违法失职行为,有权对保护消费者权益工作提出批评、建议。

(二)资料准备

1. 利用图书馆或网络,查阅、下载《消费者权益保护法》,阅读第七条至第十五条。

2. 利用图书馆、网络、报纸杂志,收集有关消费者权利的书面材料。

3. 教室准备的资料单:消费者权利案例、文章等材料。

二、项目设计与项目实施

(一)项目设计

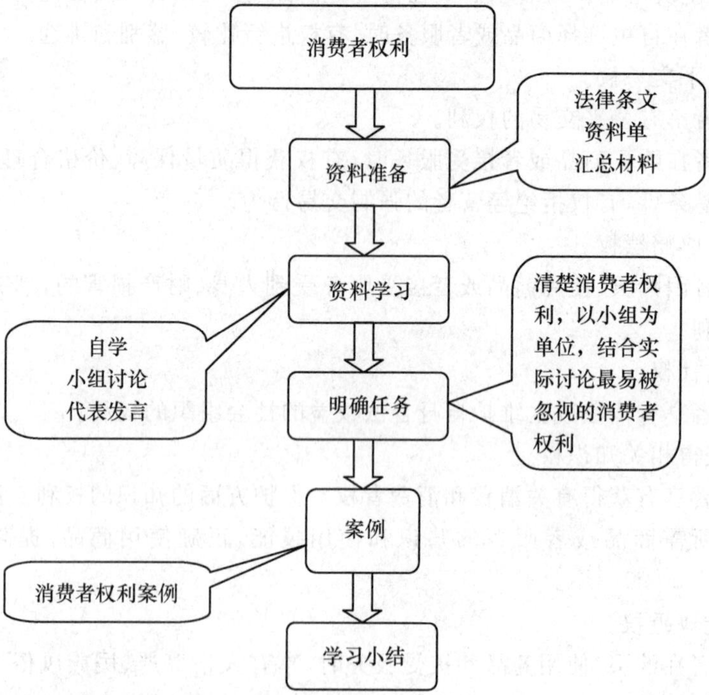

(二)项目实施

1. 安排学员课前通过图书馆、资料室、网络、实地调查等途径查找消费者权利有关资料。

2. 结合所收集的资料,以小组为单位讨论实践中最易被忽视的消费者权利有哪些。

3. 教师组织学习知识拓展内容,引导学员了解消费者义务,科学消费。

4. 教师利用导入案例,引导学员系统地掌握消费者权利。

5. 教师评价学员的学习情况,布置任务思考题。

三、导入案例解析

在案例中,江某等农户可以依法状告县种子站。

根据《消费者权益保护法》规定,农民购买、使用直接用于农业生产的生产资料，参照该法执行。本案中江某等农户在购买种子这一生产资料时作为消费者，其安全保障权、知悉真情权、公平交易权等合法权益受到了侵害，根据法律有关规定，可以依法保护自己的合法权益，状告县种子站。在本案例中，县种子站向农民销售的种子为过时多年不能用的种子，致使农民遭受重大损失，根据消费者获取赔偿权的法律规定，江某等农户可要求县种子站赔偿损失。

四、知识拓展

我国现行的《消费者权益保护法》是 1993 年 10 月 31 日第八届全国人民代表大会常务委员会第 4 次会议通过，根据 2009 年 8 月 27 日第十一届全国人民代表大会常务委员会第 10 次会议《关于修改部分法律的决定》第一次修正，根据 2013 年 10 月 25 日第十二届全国人民代表大会常务委员会第 5 次会议《关于修改部分法律的决定》第二次修正。

消费者应当努力掌握所需商品或者服务的知识和使用技能，正确使用商品，提高自我保护意识。

五、任务思考

消费者的权利有哪些？

任务二　明白经营者的义务

【导入案例】

2013 年 5 月，王某等 7 名农民在某种子公司购买并播种了共 100 袋号称“××新五号”的大白菜种子。但是，直到同年 10 月，大白菜仍未长成。王某等人委托农业部蔬菜种子监督检验检测中心进行检验，结论是该品种不是“××新五号”。2013 年年底，王某到人民法院起诉该种子公司。

思考：种子公司作为经营者违背了《消费者权益保护法》规定的哪项义务？

一、学习准备

（一）知识准备

由于经营者是为消费者提供其生产、销售的商品或者提供服务的市场主体，是与消费者直接进行交易的另一方，因此，明确经营者的义务对于保护消费者的权益至关重要。根据《消费者权益保护法》的规定，在保护消费者权益方面，经营者负有下列义务。

1. 依法定或约定履行义务

经营者向消费者提供商品或者服务，应当依照《消费者权益保护法》和其他有关法律、法规的规定履行义务。

经营者和消费者有约定的，应当按照约定履行义务，但双方的约定不得违背法律、法规的规定。

经营者向消费者提供商品或者服务，应当恪守社会公德，诚信经营，保障消费者的合法权益；不得设定不公平、不合理的交易条件，不得强制交易。

2. 听取意见和接受监督的义务

经营者应当听取消费者对其提供的商品或者服务的意见，接受消费者的监督。

3. 保障人身和财产安全的义务

经营者应当保证其提供的商品或者服务符合保障人身、财产安全的要求。对可能危及人身、财产安全的商品和服务，应当向消费者作出真实的说明和明确的警示，并说明和标明正确使用商品或者接受服务的方法以及防止危害发生的方法。

宾馆、商场、餐馆、银行、机场、车站、港口、影剧院等经营场所的经营者，应当对消费者尽到安全保障义务。

4. 消除危险义务

经营者发现其提供的商品或者服务存在缺陷，有危及人身、财产安全危险的，应当立即向有关行政部门报告和告知消费者，并采取停止销售、警示、召回、无害化处理、销毁、停止生产或者服务等措施。采取召回措施的，经营者应当承担消费者因商品被召回支出的必要费用。

5. 商品服务信息真实义务

经营者向消费者提供有关商品或者服务的质量、性能、用途、有效期限等信息，应当真实、全面，不得作虚假或者引人误解的宣传。

经营者对消费者就其提供的商品或者服务的质量和使用方法等问题提出的询问，应当作出真实、明确的答复。

经营者提供商品或者服务应当明码标价。

6. 标记真实名称和标记义务

经营者应当标明其真实名称和标记。

租赁他人柜台或者场地的经营者，应当标明其真实名称和标记。

7. 出具相应凭证和单据义务

经营者提供商品或者服务，应当按照国家有关规定或者商业惯例向消费者出具发票等购货凭证或者服务单据；消费者索要发票等购货凭证或者服务单据的，经营者必须出具。

8. 质量保证义务

经营者应当保证在正常使用商品或者接受服务的情况下其提供的商品或者服务应当具有的质量、性能、用途和有效期限；但消费者在购买该商品或者接受该服务前已经知道其存在瑕疵，且存在该瑕疵不违反法律强制性规定的除外。

经营者以广告、产品说明、实物样品或者其他方式表明商品或者服务的质量状况的，应当保证其提供的商品或者服务的实际质量与表明的质量状况相符。

经营者提供的机动车、计算机、电视机、电冰箱、空调器、洗衣机等耐用商品或者装饰装修等服务，消费者自接受商品或者服务之日起 6 个月内发现瑕疵，发生争议的，由经营者承担有关瑕疵的举证责任。

9. 修、换、退义务

经营者提供的商品或者服务不符合质量要求的，消费者可以依照国家规定、当事人约定退货，或者要求经营者履行更换、修理等义务。没有国家规定和当事人约定的，消费者可以自收到商品之日起 7 日内退货；7 日后符合法定解除合同条件的，消费者可以及时退货，不符合法定解除合同条件的，可以要求经营者履行更换、修理等义务。

依照上述规定进行退货、更换、修理的，经营者应当承担运输等必要费用。

10. 网络经营 7 日内无理由退货义务

经营者采用网络、电视、电话、邮购等方式销售商品，消费者有权自收到商品之日起 7 日内退货，且无须说明理由，但下列商品除外：

(1)消费者定做的；

(2)鲜活易腐的；

(3)在线下载或者消费者拆封的音像制品、计算机软件等数字化商品；

(4)交付的报纸、期刊。

除上述所列商品外，其他根据商品性质并经消费者在购买时确认不宜退货的商品，不适用无理由退货。

消费者退货的商品应当完好。经营者应当自收到退回商品之日起 7 日内返还消费者支付的商品价款。退回商品的运费由消费者承担；经营者和消费者另有约定的，按照约定。

11. 格式合同公平合理义务

经营者在经营活动中使用格式条款的，应当以显著方式提请消费者注意商品或者服务的数量和质量、价款或者费用、履行期限和方式、安全注意事项和风险警示、售后服务、民事责任等与消费者有重大利害关系的内容,并按照消费者的要求予以说明。

经营者不得以格式条款、通知、声明、店堂告示等方式,作出排除或者限制消费者权利、减轻或者免除经营者责任、加重消费者责任等对消费者不公平、不合理的规定,不得利用格式条款并借助技术手段强制交易。

格式条款、通知、声明、店堂告示等含有上述所列内容的,其内容无效。

12. 不得侵犯消费者人格权的义务

经营者不得对消费者进行侮辱、诽谤,不得搜查消费者的身体及其携带的物品,不得侵犯消费者的人身自由。

13. 网络、金融经营者提供真实信息义务

采用网络、电视、电话、邮购等方式提供商品或者服务的经营者,以及提供证券、保险、银行等金融服务的经营者,应当向消费者提供经营地址、联系方式、商品或者服务的数量和质量、价款或者费用、履行期限和方式、安全注意事项和风险警示、售后服务、民事责任等信息。

14. 保护消费者信息义务

经营者收集、使用消费者个人信息,应当遵循合法、正当、必要的原则,明示收集、使用信息的目的、方式和范围,并经消费者同意。经营者收集、使用消费者个人信息,应当公开其收集、使用规则,不得违反法律、法规的规定和双方的约定收集、使用信息。

经营者及其工作人员对收集的消费者个人信息必须严格保密,不得泄露、出售或者非法向他人提供。经营者应当采取技术措施和其他必要措施,确保信息安全,防止消费者个人信息泄露、丢失。在发生或者可能发生信息泄露、丢失的情况时,应当立即采取补救措施。

经营者未经消费者同意或者请求,或者消费者明确表示拒绝的,不得向其发送商业性信息。

(二)资料准备

1. 查阅《消费者权益保护法》第十六条至第二十九条。
2. 利用图书馆、网络、报纸杂志,收集经营者义务的案例。
3. 教师准备的资料单:经营者义务的案例、文章等资料。

二、项目设计与项目实施

(一)项目设计

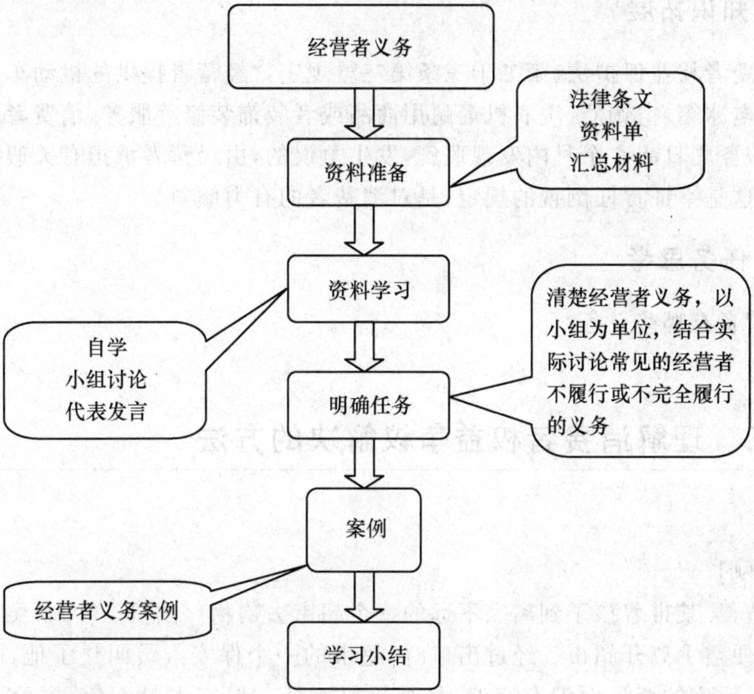

(二)项目实施

1. 安排学员课前通过图书馆、资料室、网络、实地调查等途径查找经营者义务有关资料。

2. 结合所收集的资料，以小组为单位讨论实践中经营者不履行或不完全履行的义务有哪些。

3. 教师组织学习知识拓展内容，引导学员掌握举证责任倒置原则。

4. 教师利用导入案例，引导学员系统掌握经营者义务。

5. 教师评价学员学习情况，布置任务思考题。

三、导入案例解析

在导入案例中，农民购买、使用直接用于农业生产的生产资料应参照《消费者权益保护法》的规定执行。原告所购买的种子并非种子包装袋上所注明的“××新五号”,系被告在销售时掺假。被告种子公司作为经营者,负有保证种子合格的义务,但是它却在销售时掺假,以假充真,欺骗农民,严重侵犯了农民的合法权益,应该赔偿由此给农民造成的损失。

四、知识拓展

《消费者权益保护法》第二十三条第三款规定:“经营者提供的机动车、计算机、电视机、电冰箱、空调器、洗衣机等耐用商品或者装饰装修等服务,消费者自接受商品或者服务之日起6个月内发现瑕疵,发生争议的,由经营者承担有关瑕疵的举证责任”。这是举证责任倒置的规定,是对消费者的有力倾斜。

五、任务思考

经营者有哪些义务?

任务三 理解消费者权益争议解决的方法

【导入案例】

春节,吴某带着孩子到离家不远的一个超市去购物。因孩子吵闹,吴某无心挑选货物,便空手离开超市。经过出口时,超市的一个保安人员叫住了他,问他是否擅自拿了超市的商品而没有交费,吴某予以否认。保安人员不信,要检查他的衣兜,吴某强忍怒气,自己将衣兜翻了过来。保安从他身上没有发现超市的物品还不罢休,又伸手去检查孩子的身体。吴某很愤怒,拉着该保安人员要去工商行政管理部门讨回公道。

思考:吴某可以通过哪些途径保护自己的权利?

一、学习准备

(一)知识准备

1. 争议解决的途径

消费者和经营者发生消费者权益争议的,可以通过下列途径解决:

(1)与经营者协商和解;

(2)请求消费者协会或者依法成立的其他调解组织调解;

(3)向有关行政部门投诉;

(4)根据与经营者达成的仲裁协议提请仲裁机构仲裁;

(5)向人民法院提起诉讼。

2. 赔偿责任主体的确定

(1)由生产者、销售者、服务者承担。

消费者在购买、使用商品时,其合法权益受到损害的,可以向销售者要求赔偿。销售者赔偿后,属于生产者的责任或者属于向销售者提供商品的其他销售者的责任的,销售者有权向生产者或者其他销售者追偿。

消费者或者其他受害人因商品缺陷造成人身、财产损害的,可以向销售者要求赔偿,也可以向生产者要求赔偿。属于生产者责任的,销售者赔偿后,有权向生产者追偿。属于销售者责任的,生产者赔偿后,有权向销售者追偿。

消费者在接受服务时,其合法权益受到损害的,可以向服务者要求赔偿。

(2)由变更后的企业承担。

消费者在购买、使用商品或者接受服务时,其合法权益受到损害,因原企业分立、合并的,可以向变更后承受其权利、义务的企业要求赔偿。

(3)由营业执照的使用人或持有人承担。

使用他人营业执照的违法经营者提供商品或者服务,损害消费者合法权益的,消费者可以向其要求赔偿,也可以向营业执照的持有人要求赔偿。

(4)展销会举办者、柜台出租者的连带责任。

消费者在展销会、租赁柜台购买商品或者接受服务,其合法权益受到损害的,可以向销售者或者服务者要求赔偿。展销会结束或者柜台租赁期满后,也可以向展销会的举办者、柜台的出租者要求赔偿。展销会的举办者、柜台的出租者赔偿后,有权向销售者或者服务者追偿。

(5)网络交易平台提供者的连带责任。

消费者通过网络交易平台购买商品或者接受服务,其合法权益受到损害的,可以向销售者或者服务者要求赔偿。网络交易平台提供者不能提供销售者或者服务者的真实名称、地址和有效联系方式的,消费者也可以向网络交易平台提供者要求赔偿;网络交易平台提供者作出更有利于消费者的承诺的,应当履行承诺。网络交易平台提供者赔偿后,有权向销售者或者服务者追偿。

网络交易平台提供者明知或者应知销售者或者服务者利用其平台侵害消费者合法权益,未采取必要措施的,依法与该销售者或者服务者承担连带责任。

(6)虚假广告经营者的责任。

消费者因经营者利用虚假广告或者其他虚假宣传方式提供商品或者服务,其合法权益受到损害的,可以向经营者要求赔偿。广告经营者、发布者发布虚假广告的，消费者可以请求行政主管部门予以惩处。广告经营者、发布者不能提供经营者的真实名称、地址和有效联系方式的，应当承担赔偿责任。

广告经营者、发布者设计、制作、发布关系消费者生命健康商品或者服务的虚假广告，造成消费者损害的，应当与提供该商品或者服务的经营者承担连带责任。

(7)虚假广告代言人的连带责任。

社会团体或者其他组织、个人在关系消费者生命健康商品或者服务的虚假广告或者其他虚假宣传中向消费者推荐商品或者服务，造成消费者损害的，应当与提供该商品或者服务的经营者承担连带责任。

(二)资料准备

1. 收集消费者权益纠纷案例。
2. 查阅《消费者权益保护法》第三十九条至第四十七条。
3. 教师准备的资料单：赔偿责任主体的确定、纠纷案例及前沿知识。

二、项目设计与项目实施

(一)项目设计

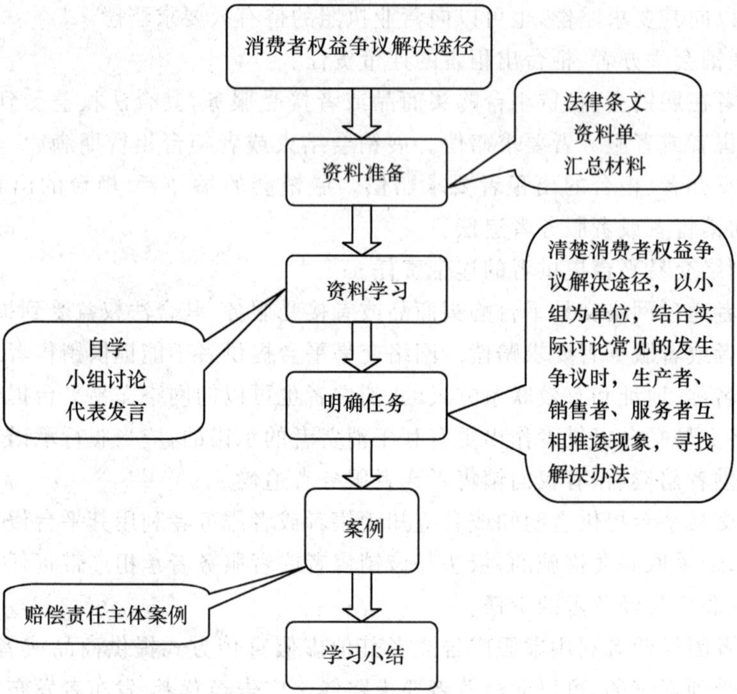

(二)项目实施

1. 安排学员课前通过图书馆、资料室、网络、实地调查等途径查找消费者权益争议解决途径有关资料。

2. 结合所收集的资料,以小组为单位讨论发生争议时,生产者、销售者、服务者互相推诿现象,寻找解决办法。

3. 教师利用导入案例,引导学员了解争议解决途径。

4. 教师评价学员学习情况,布置任务思考题。

三、导入案例解析

在导入案例中,吴某可以通过以下途径保护自己的权益:①与超市协商解决;②请求消费者协会调解;③向工商行政部门申诉;④ 根据与超市达成的仲裁协议提请仲裁机构仲裁;⑤向人民法院提起诉讼。根据本案的实际情况工商行政管理部门可以依法责令超市赔礼道歉,并可以对其处以责令改正,单处或并处警告,行政罚款 1 万元以下的处罚。

四、任务思考

1. 消费者可通过哪些途径保护自己的权益?

2. 消费者权益受到侵害时,如何确定赔偿责任主体?

任务四 掌握违反消费者权益保护法的民事责任

【导入案例】

2013 年 5 月,来自保定的陈某在北京某商场购买了一双由天津某皮鞋厂生产的皮鞋,价值人民币 300 元。购鞋的同时,陈某还领取了此商场发的"包修、包换、包退"的三包质量卡。陈某回保定后,穿上了这双新购买的皮鞋。仅穿 10 天,此鞋鞋底即告断裂。陈某为此专程前往北京,找到店家要求退货。该商场承认皮鞋确实存在质量问题,同意调换,但同时还表示,目前商场无现货可换,商场将与生产厂家进行联系,请陈某暂回保定等候该商场与生产厂家联系的结果。此后,陈某 3 次电话查询此事,商场方面总以生产厂家没有回音为由要求陈某继续等待。2014 年 3 月,陈某再次赴北京找商场要求解决问题,商场仍给陈某以同样的答复。陈某遂向人民法院提出诉讼,要求该商场退回购鞋款 300 元,并要求赔偿交通、误工费等人民币 500 元。

思考:人民法院应怎样判决?请说明理由。

一、学习准备

(一)知识准备

1. 承担民事责任的概括性规定

经营者提供商品或者服务有下列情形之一的,承担民事责任:

(1)商品或者服务存在缺陷的;

(2)不具备商品应当具备的使用性能而出售时未作说明的;

(3)不符合在商品或者其包装上注明采用的商品标准的;

(4)不符合商品说明、实物样品等方式表明的质量状况的;

(5)生产国家明令淘汰的商品或者销售失效、变质的商品的;

(6)销售的商品数量不足的;

(7)服务的内容和费用违反约定的;

(8)对消费者提出的修理、重作、更换、退货、补足商品数量、退还货款和服务费用或者赔偿损失的要求,故意拖延或者无理拒绝的;

(9)法律、法规规定的其他损害消费者权益的情形。

经营者对消费者未尽到安全保障义务,造成消费者损害的,应当承担侵权责任。

2. 侵犯人身权的民事责任的专门规定

《消费者权益保护法》对侵犯人身权的民事责任作了专门规定,其主要内容如下。

(1)经营者提供商品或者服务,造成消费者或者其他受害人人身伤害的,应当赔偿医疗费、护理费、交通费等为治疗和康复支出的合理费用,以及因误工减少的收入。造成残疾的,还应当赔偿残疾生活辅助具费和残疾赔偿金。造成死亡的,还应当赔偿丧葬费和死亡赔偿金。

(2)经营者侵害消费者的人格尊严、侵犯消费者人身自由或者侵害消费者个人信息依法得到保护的权利的,应当停止侵害、恢复名誉、消除影响、赔礼道歉,并赔偿损失。

(3)经营者有侮辱诽谤、搜查身体、侵犯人身自由等侵害消费者或者其他受害人人身权益的行为,造成严重精神损害的,受害人可以要求精神损害赔偿。

3. 侵犯财产权的民事责任的专门规定

《消费者权益保护法》对侵犯财产权的民事责任也作了专门规定,其主要内容如下。

(1)经营者提供商品或者服务,造成消费者财产损害的,应当依照法律规定或者当事人约定承担修理、重作、更换、退货、补足商品数量、退还货款和服务费用或者赔偿损失等民事责任。

(2)经营者以预收款方式提供商品或者服务的,应当按照约定提供。未按照约定提供的，应当按照消费者的要求履行约定或者退回预付款；并应当承担预付款的利息、消费者必须支付的合理费用。

(3)依法经有关行政部门认定为不合格的商品，消费者要求退货的，经营者应当负责退货。

(4)经营者提供商品或者服务有欺诈行为的，应当按照消费者的要求增加赔偿其受到的损失，增加赔偿的金额为消费者购买商品的价款或者接受服务的费用的3倍；增加赔偿的金额不足500元的，为500元。法律另有规定的，依照其规定。

经营者明知商品或者服务存在缺陷，仍然向消费者提供，造成消费者或者其他受害人死亡或者健康严重损害的，受害人有权要求经营者依照法律规定赔偿损失，并有权要求所受损失2倍以下的惩罚性赔偿。

(二)资料准备

1. 查阅《消费者权益保护法》第四十八条至第五十五条。

2. 利用图书馆、网络、报纸杂志，收集违反《消费者权益保护法》而承担民事责任的案例。

3. 教室准备的资料单：侵犯人身权、财产权的典型案例、文章等资料。

二、项目设计与项目实施

(一)项目设计

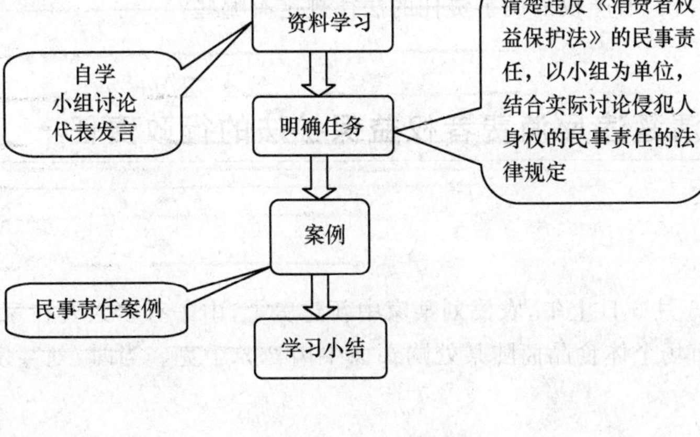

(二)项目实施

1. 安排学员课前通过图书馆、资料室、网络、实地调查等途径查找违反《消费者权益保护法》的民事责任有关资料。

2. 结合所收集的资料，以小组为单位，结合实际讨论侵犯人身权所需承担的民事责任。

3. 教师利用导入案例，引导学员了解各种侵权行为所需承担的民事责任范围。

4. 教师评价学员学习情况，布置任务思考题。

三、导入案例解析

在导入案例中，经营者提供商品或者服务，按照国家规定或者与消费者的约定，承担包修、包换、包退或者其他责任的，应当按照国家规定或者约定履行，不得故意拖延或者无理拒绝。经营者提供商品或者服务，造成消费者财产损害的，应当按照消费者的要求，以修理、重作、更换、退货、补足商品数量、退还货款和服务费用或者赔偿损失等方式承担民事责任。在本案中，陈某和商场约定了“三包”责任，但其无故拖延，不履行其应当承担的责任。违反了法律规定，给陈某造成了一定的损失，该商场应当依法承担退还货款和赔偿由此而产生合理费用的民事责任。人民法院判决商场应退回陈某的购鞋款并赔偿由此而产生合理费用。

四、知识拓展

欺诈消费者行为是指经营者在提供商品或者服务中，采取虚假或者其他不正当手段欺骗、误导消费者，使消费者的合法权益受到损害的行为。

五、任务思考

侵犯人身权、财产权的民事责任的法律规定有哪些?

任务五 清楚违反消费者权益保护法的行政责任

【导入案例】

2014 年 5 月 6 日上午，农民刘某家中新建房子，中午有多人要在家吃饭，刘某从镇上农贸市场个体食品商陆某处购买卤牛肉 2.5 千克。当时，刘某发现牛肉有些黏,并有异味,问陆某牛肉坏了没有?陆某说:"这些卤牛肉质量没有问题。"刘某将卤牛肉拿回家,交给妻子做成凉菜,当天中午,帮他家修房子的人和自己一家人都吃了这牛肉。下午5点到次日清晨。就餐的21人当中,有15人发生腹部疼痛、腹泻等食物中毒症状,其中10人病情较重住进医院治疗,共花费医疗费两千多元。县卫生防疫站接到举报,经过调查得知,个体工商户陆某卖给刘某的牛肉,是陆某5月3日从邻村买的死牛肉,张某的牛是5月2日死亡的。陆某共买回50斤,在对牛肉加工、贮存、销售过程中,没有采取防腐、防蝇、防鼠等措施。由于以上原因,造成食用卤牛肉的人食物中毒。刘某在病愈后知道卫生防疫站的调查结论后,找到陆某,要求他按《消费者权益保护法》有关规定给予赔偿。

思考:本案中陆某的行为侵犯了消费者的何种权益?应承担何种责任?

一、学习准备

(一)知识准备

1. 行政处罚

经营者有下列情形之一,除承担相应的民事责任外,其他有关法律、法规对处罚机关和处罚方式有规定的,依照法律、法规的规定执行;法律、法规未作规定的,由工商行政管理部门或者其他有关行政部门责令改正,可以根据情节单处或者并处警告、没收违法所得、处以违法所得1倍以上10倍以下的罚款,没有违法所得的,处以50万元以下的罚款;情节严重的,责令停业整顿、吊销营业执照:

(1)提供的商品或者服务不符合保障人身、财产安全要求的;

(2)在商品中掺杂、掺假,以假充真,以次充好,或者以不合格商品冒充合格商品的;

(3)生产国家明令淘汰的商品或者销售失效、变质的商品的;

(4)伪造商品的产地,伪造或者冒用他人的厂名、厂址,篡改生产日期,伪造或者冒用认证标志等质量标志的;

(5)销售的商品应当检验、检疫而未检验、检疫或者伪造检验、检疫结果的;

(6)对商品或者服务作虚假或者引人误解的宣传的;

(7)拒绝或者拖延有关行政部门责令对缺陷商品或者服务采取停止销售、警示、召回、无害化处理、销毁、停止生产或者服务等措施的;

(8)对消费者提出的修理、重作、更换、退货、补足商品数量、退还货款和服务费用或者赔偿损失的要求,故意拖延或者无理拒绝的;

(9)侵害消费者人格尊严、侵犯消费者人身自由或者侵害消费者个人信息依法得到保护的权利的;

(10)法律、法规规定的对损害消费者权益应当予以处罚的其他情形。

经营者有上述规定情形的,除依照法律、法规规定予以处罚外,处罚机关应当记入信用档案,向社会公布。

2. 行政复议、行政诉讼

经营者对行政处罚决定不服的,可以依法申请行政复议或者提起行政诉讼。

(二)资料准备

1. 查阅《消费者权益保护法》第五十六条至第五十九条。

2. 利用图书馆、网络、报纸杂志,收集违反《消费者权益保护法》而承担行政责任的案例。

二、项目设计与项目实施

(一)项目设计

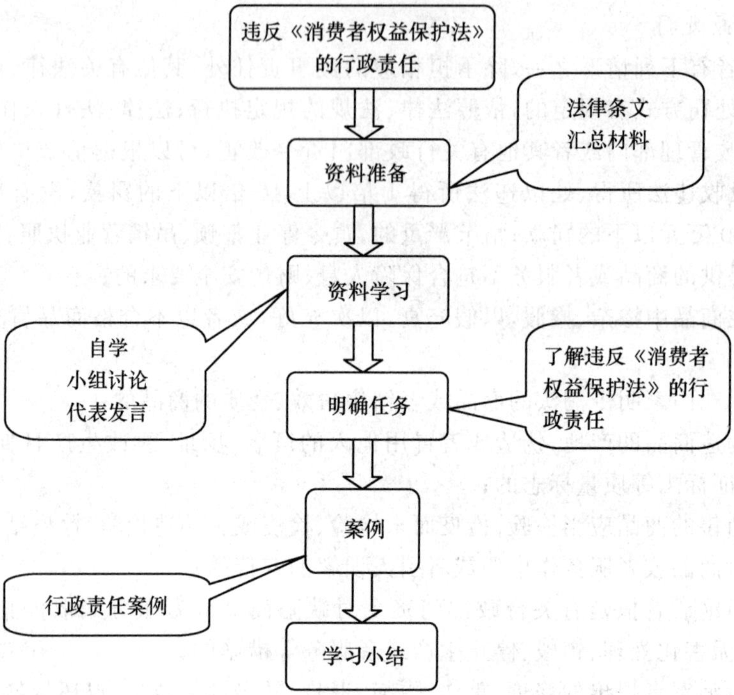

(二)项目实施

1. 安排学员课前通过图书馆、资料室、网络、实地调查等途径查找违反《消费者权益保护法》的行政责任有关资料。

2. 结合所收集的资料，以小组为单位，结合实际讨论：经营者违反法律规定，应当承担民事赔偿责任和缴纳罚款、罚金，其财产不足以同时支付的，应先承担什么责任。

3. 教师评价学员学习情况，安排学员分组，每组撰写一篇学习体会。

三、导入案例解析

在导入案例中，个体食品商陆某的行为侵犯了消费者的安全保障权。陆某应当承担相应的法律责任。

依据《消费者权益保护法》第四十九条的规定，陆某应当赔偿医疗费、护理费、交通费等为治疗和康复支出的合理费用，以及因误工减少的收入。造成残疾的，还应当赔偿残疾生活辅助具费和残疾赔偿金。造成死亡的，还应当赔偿丧葬费和死亡赔偿金。

另外，根据《消费者权益保护法》第五十六条第一款的规定，工商行政管理部门应责令陆某改正，可以根据情节单处或者并处警告、没收违法所得、处以违法所得1倍以上10倍以下的罚款，没有违法所得的，处以50万元以下的罚款；情节严重的，责令停业整顿、吊销营业执照。

四、知识拓展

经营者违反《消费者权益保护法》责任承担顺序的规定：经营者违反《消费者权益保护法》的规定，应当承担民事赔偿责任和缴纳罚款、罚金，其财产不足以同时支付的，先承担民事赔偿责任。

模块五　民事纠纷处理法律制度

项目一　仲裁法律制度

项目二　诉讼法律制度

项目一 仲裁法律制度

【项目目标】

完成本项目的学习后，你应该能：

1. 清楚仲裁的适用范围；
2. 理解仲裁的基本原则；
3. 知晓仲裁协议的类型、内容及无效情形。

【项目任务描述】

本项目分为清楚仲裁的适用范围、理解仲裁的基本原则、知晓仲裁协议的类型、内容及无效情形三个任务。通过本项目的学习与操作，能让学员清楚仲裁的适用范围、理解仲裁的基本原则、了解仲裁协议的类型、内容及无效情形。通过学习，增强学员对本项目的学习兴趣，提高学员的动手能力、观察分析能力、沟通协作能力，提升职业素养，学会运用仲裁法律制度，维护自身合法权益。

任务一 清楚仲裁的适用范围

【导入案例】

李某与赵某 2008 年 2 月结婚，2009 年 5 月生下儿子李××，2011 年 6 月两人因性格不合协议离婚，在协议书中双方约定，李××随李某生活，若今后对李××的抚养问题有争议，由本市仲裁委员会仲裁。离婚后不久李某再婚，年幼的李××经常受到继母的虐待，赵某知情后，遂向仲裁委员会申请仲裁，请求裁决李××归自己抚养。

思考：仲裁委员会是否会受理赵某的仲裁申请？为什么？

一、学习准备

(一)知识准备

1. 仲裁的概念

仲裁，又叫"公断，"是指双方当事人在争议发生前或者争议发生后达成仲裁协议，将争议的事项交由仲裁机构进行审理，并由其作出对双方当事人均具有约束力的仲裁裁决以解决争议的制度。

1994 年 8 月 31 日，第八届全国人民代表大会常务委员会第 9 次会议通过了《中华人民共和国仲裁法》(以下简称《仲裁法》)，并自 1995 年 9 月开始施行。它的制定和施行旨在保证公正、及时地仲裁经济纠纷，保护当事人的合法权益，保障社会主义经济健康发展。

2. 仲裁的适用范围

仲裁的法律依据是争议当事人对自己实体权利的处分权和仲裁机构根据法律对一定争议的公正裁决权。因此，仲裁机构受理的纠纷应该符合以下三个条件：①可以仲裁的事项应当是平等主体之间发生的权利争议；②争议事项是当事人依法享有处分权的；③仲裁事项应当是涉及经济和财产权益的争议事项。

《仲裁法》第二条用概括方式规定了《仲裁法》对哪些纠纷发生法律效力："平等主体的公民、法人和其他组织之间发生的合同纠纷和其他财产权益纠纷，可以仲裁。"我国《仲裁法》具有广泛的对人的适用范围，既我国《仲裁法》不仅适用于中国公民、法人和其他组织，而且也适用于外国人、无国籍人以及外国的企业和组织。

同时，我国《仲裁法》还规定了不允许仲裁的争议事项。

《仲裁法》第三条以排除法的方式规定了不能适用仲裁的争议："下列纠纷不能仲裁：①婚姻、收养、监护、抚养、继承纠纷；②依法应当由行政机关处理的行政争议。"

《仲裁法》第七十七条还规定，劳动争议和农业集体经济组织内部的农业承包合同纠纷的仲裁，另行规定。也就是说，以上两类纠纷因具有特殊性，均不能按《仲裁法》的规定进行仲裁，它们属于特殊的仲裁范围，只能适用特殊的《仲裁法》规。

(二)资料准备

1. 查阅《仲裁法》第一条至第三条。

2. 利用图书馆、网络、报纸杂志，收集仲裁适用范围的资料。

3. 教师准备的资料单：仲裁适用范围的案例、文章等资料。

二、项目设计与项目实施

(一)项目设计

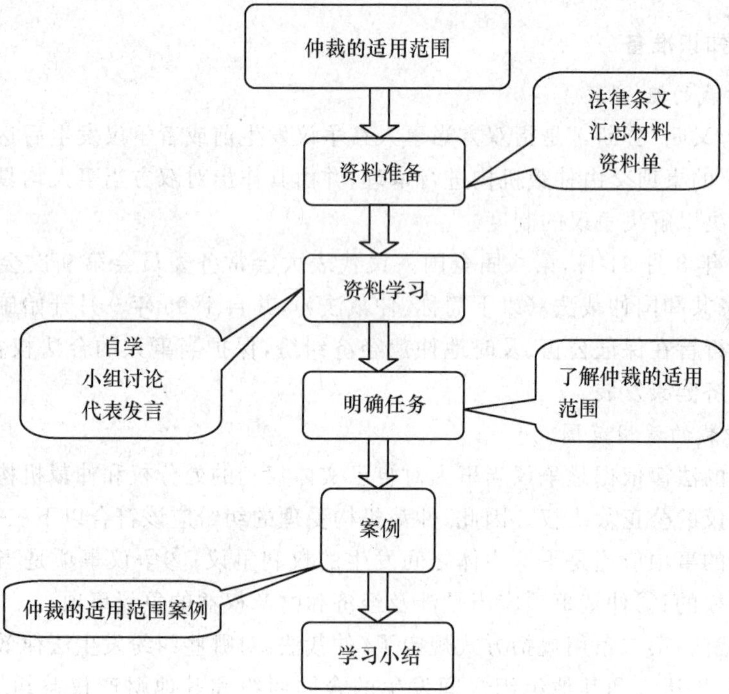

(二)项目实施

1. 安排学员课前通过图书馆、资料室、网络等途径查找仲裁适用范围有关资料。

2. 结合所收集的资料，以小组为单位，在教师的指导下，结合实际讨论劳动争议和农业集体经济组织内部的农业承包合同纠纷的仲裁。

3. 教师利用导入案例，引导学员了解仲裁适用范围。

4. 教师组织知识拓展的学习，了解仲裁委员会的设立及组成。

5. 教师评价学员学习情况，布置任务思考题。

三、导入案例解析

根据《仲裁法》第二条的规定，平等主体的公民、法人和其他组织之间发生的合同纠纷和其他财产权益纠纷，可以仲裁。另外《仲裁法》第三条规定了不能适用仲裁的争议事项，即婚姻、收养、监护、抚养、继承纠纷。这类纠纷虽然属于民事纠纷，都不同程度涉及财产权益，但都是建立在身份关系的基础上，法律规定不允许仲裁，只能通过诉讼由人民法院处理。因此，本案中当事人约定把对李××监护问题纠纷，提交本市仲裁委员会仲裁是不适当的，仲裁委员会也不会受理。

四、知识拓展

仲裁委员会是常设性仲裁机构，一般在省、自治区直辖市人民政府所在地的市设立，也可以根据需要在其他设区的市设立，不按行政区划层层设立。

仲裁委员会由市人民政府组织有关部门和商会统一组建，并应经省、自治区、直辖市的司法行政部门登记。

仲裁委员会由主任 1 人，副主任 2～4 人、委员 7～11 人组成。仲裁委员会的主任、副主任和委员由法律、经济贸易专家和有实际工作经验的人员担任。仲裁委员会的组成人员中法律、经济贸易专家不得少于 2/3。

五、任务思考

不能适用仲裁的争议有哪些？

任务二　理解仲裁的基本原则

【导入案例】

某市农民邓某 2013 年种了 20 亩玉米，玉米种子在本地种子经销商魏某的店里购得。双方在合同中约定，如发生争议，由本市仲裁委员会仲裁。由于所购的是假玉米种子，导致邓某遭受损失 3.5 万元，邓某多次找魏某理论，魏某拒不赔偿。无奈，邓某遂向本市仲裁委员会申请仲裁，仲裁委员会作出由魏某赔偿邓某 3.5 万元的裁决后，魏某不服仲裁裁决，向仲裁委员会申请再次仲裁。

思考：魏某的仲裁申请仲裁委员会会受理吗？为什么？

一、学习准备

（一）知识准备

1. 自愿原则

自愿原则通常也称当事人意思自治原则，是仲裁制度赖以存在与发展的基石。自愿原则是仲裁制度的首要原则，贯穿于仲裁程序的始终，主要体现在以下三方面：①是否将他们之间发生的纠纷提交仲裁委员会裁决，由当事人自愿协商决定；②仲裁机构、仲裁地点、仲裁庭组成形式及仲裁员、提交仲裁的争议事项等，由双方当事人自愿协商决定；③开庭形式、审理方式等有关程序事项可以由双方当事人约定。

2. 以事实为根据，以法律为准绳原则

《仲裁法》第七条中规定了这一原则，即仲裁应当根据事实，符合法律规定，公平合理地解决纠纷。《仲裁法》的这一原则规定，在有关仲裁开庭和裁决程序的规定中，得到了充分的体现。例如，有关证据的提供与收集，对专门性问题的鉴定，证据的质证，证据保全，当事人的辩论，当事人陈述最后意见等方面的规定，都是这一原则的具体化。

3. 独立仲裁原则

根据《仲裁法》第八条的规定，仲裁依法独立进行，不受行政机关、社会团体和个人的干涉。第十四条中规定，仲裁委员会独立于行政机关，与行政机关没有隶属关系。仲裁委员会之间也没有隶属关系。这是仲裁独立原则的法律依据，该原则的确立保证了仲裁组织的独立性，是我国仲裁制度发展完善的一个重要标志。

4. 公平合理仲裁原则

公平合理仲裁原则是指仲裁庭在仲裁活动中必须保持中立，平等对待双方当事人，依据事实，公平合理地作出裁决。其包括两层含义：①仲裁庭对待当事人应一律平等。在仲裁中，无论仲裁员由哪一方选定，他都不代表任何一方当事人的利益，平等地保护各方当事人的利益。②仲裁庭应公平合理的作出裁决。仲裁庭应当在查明案件事实的基础上，正确地适用法律，公平合理地确定当事人的权利和义务，以解决纠纷。《仲裁法》规定了较为完善的仲裁员的资格条件，仲裁员回避制度及仲裁员责任等，保证了仲裁的公正性，维护了仲裁员的公正形象。

5. 一裁终局原则

仲裁裁决作出后，该裁决即发生终局的法律效力，当事人就同一纠纷再申请仲裁或者向人民法院起诉的，仲裁委员会或者人民法院不予受理。裁决书自作出之日起发生法律效力，当事人应当履行裁决，一方当事人不履行的，另一方当事人可以依照《民事诉讼法》的有关规定向人民法院申请执行，受申请的人民法院应当执行。

(二)资料准备

1. 利用图书馆或网络，查阅《仲裁法》第四条至第十五条。

2. 收集一裁终局原则的资料。

3. 教师准备的资料单：一裁终局原则的案例、文章等资料。

二、项目设计与项目实施

(一)项目设计

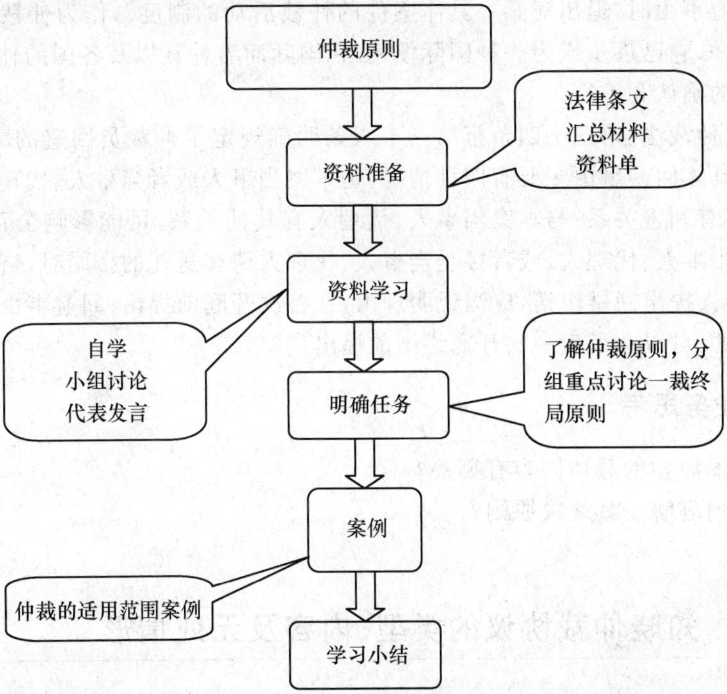

(二)项目实施

1. 安排学员课前通过图书馆、资料室、网络等途径查找仲裁原则相关资料。
2. 结合所收集的资料,以小组为单位,在教师的指导下,讨论自愿原则的具体体现。
3. 教师利用导入案例,引导学员了解一裁终局原则的实际意义。
4. 教师组织知识拓展的学习,了解仲裁员回避制度。
5. 教师评价学员学习情况,布置任务思考题。

三、导入案例解析

《仲裁法》第九条第一款明确规定,仲裁实行一裁终局制度。仲裁裁决作出后,当事人就同一纠纷再申请仲裁或者向人民法院起诉的,仲裁委员会或者人民法院不予受理。因此,本案中魏某向仲裁委员会申请再次仲裁,仲裁委员会不会受理。

四、知识拓展

回避制度是一项为了保证案件公正裁决而设置的制度，即指仲裁员遇到法律规定的回避事由时，退出对某一具体案件的仲裁活动的制度。作为仲裁活动的基本制度之一，它已逐步成为一种国际惯例，在国际商事仲裁以及各国的仲裁活动中得到普遍的确认和施行。

我国《仲裁法》第三十四条至第三十八条明确规定了仲裁员回避的事由、程序等事宜。具体回避事由主要有四种情况：是本案当事人或者当事人、代理人的近亲属；与本案有利害关系；与本案当事人、代理人有其他关系，可能影响公正裁决的；私自会见当事人、代理人，或者接受当事人、代理人请客送礼的。同时，《仲裁法》还规定，当事人提出回避申请，应当说明理由，在首次开庭前提出；回避事由在首次开庭后知道的，可以在最后一次开庭终结前提出。

五、任务思考

1. 自愿原则的具体内容有哪些？
2. 如何理解一裁终决原则？

任务三　知晓仲裁协议的类型、内容及无效情形

【导入案例】

A 市的甲楼板厂与 B 市的乙水泥厂于 2015 年 1 月签订了一份水泥供应合同，合同中的仲裁条款写明，双方经协商一致决定，合同争议交 A 市仲裁委员会或 B 市的仲裁委员会进行仲裁。

思考：该仲裁协议是否有效？

一、学习准备

(一)知识准备

1. 仲裁协议的类型

仲裁协议是指双方当事人自愿达成的将已经发生的或将来可能发生的纠纷提交仲裁机构进行裁决的共同意思表示。仲裁协议以不同的方式表现为不同的类型，如仲裁条款、仲裁协议书及其他。

(1)仲裁条款。

仲裁条款是指在合同中表示双方愿意将他们之间可能发生的纠纷提交仲裁裁决的协议。这种协议是作为合同的一项条款，订立在合同中。其他条款的无效，并不必然引起此条款的无效。合同中的仲裁条款是仲裁协议的一种最常见和最主要的类型。

(2)仲裁协议书。

仲裁协议书是指在争议发生之前或之后，双方当事人在自愿的基础上同意将争议提交仲裁的一种独立协议。仲裁协议书是在没有仲裁条款，或者仲裁条款规定不明确无法执行，或者根本不存在书面合同的情况下，由双方当事人共同签订的，因此，它不受当事人之间存在合同关系的约束。仲裁协议既可以适用于合同纠纷，又可以适用于侵权等其他财产权益纠纷。

(3)其他文件中包含的仲裁协议。

在经济来往中，当事人双方相互之间的信函、电报、传真或其他书面材料(如经确认的电话记录、电子邮件等)，如果这些文件中包含有双方当事人同意将他们之间已经发生或将来可能发生的争议提交仲裁的内容，那么，这些文件即可构成仲裁协议。此类仲裁协议是商事关系和通信事业综合发展的结果，在现代交易中经常存在。

2. 仲裁协议的内容

(1)请求仲裁的意思表示。

请求仲裁的意思表示，即当事人各方请求仲裁的意愿的明示书面行为。它是仲裁协议的首要内容。请求仲裁的意思表示至少应具备三个条件：①必须是双方当事人共同的意思表示，而不是一方当事人的意思表示；②必须是双方当事人在协商一致基础上作出的真实意思表示，而不是虚假的意思；③必须是有利害关系的双方当事人的意思表示而非其他任何人的意思表示。

(2)仲裁事项。

仲裁事项是指双方当事人提交仲裁的争议范围，即双方当事人将何种性质的争议提交仲裁机构仲裁。当事人约定仲裁事项须注意两点：①该事项应当是法律允许通过仲裁加以解决的争议；②仲裁事项需具有明确性。当事人只有将仲裁协议中的事项提交仲裁时，仲裁机构才予受理，否则，仲裁机构不能受理。如果一方当事人把不属于仲裁协议中指明的事项提交仲裁，另一方当事人有权对仲裁庭的管辖权提出异议；即使在仲裁审理终结并作出裁决以后，另一方当事人仍然有权拒绝履行该裁决所规定的义务，并可向人民法院申请撤销仲裁裁决，人民法院亦可拒绝执行该裁决。

(3)选定仲裁委员会。

仲裁委员会是我国唯一的仲裁机构，仲裁实行协议管辖原则，不实行地域管辖，因此当事人申请仲裁必须明确约定具体的仲裁委员会，否则，仲裁委员会无法受理。

3. 仲裁协议的无效情形

根据《仲裁法》第十七条的规定，有以下情况之一的，仲裁无效：①约定的仲裁事项超出法律规定的仲裁范围的；②无民事行为能力人或限制民事行为能力人订立的仲裁协议；③一方当事人采取胁迫手段，迫使对方订立仲裁协议的。另外，《仲裁法》第十八条规定，仲裁协议对仲裁事项或者仲裁委员会没有约定或约定不明确的，当事人可以补充协议；达不成补充协议的，仲裁协议无效。

(二)资料准备

1. 利用图书馆或网络，查阅《仲裁法》第十六条至第二十条及《最高人民法院关于适用〈中华人民共和国仲裁法〉若干问题的解释》第一条至第十三条。

2. 收集仲裁协议无效的资料。

3. 教师准备的资料单：仲裁协议无效的案例、文章等资料。

二、项目设计与项目实施

(一)项目设计

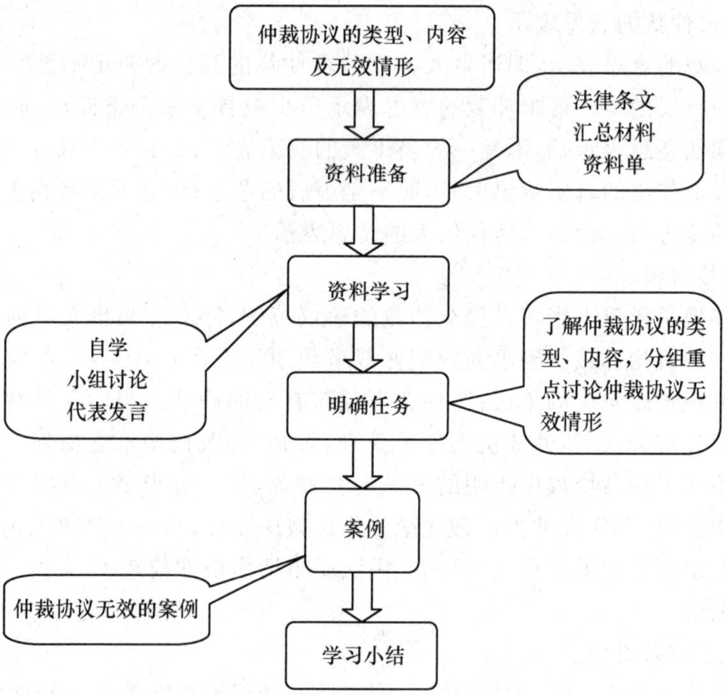

(二)项目实施

1. 安排学员课前通过图书馆、资料室、网络等途径查找仲裁协议相关资料。

2. 结合所收集的资料,以小组为单位,在教师的指导下,讨论实践中不常见的仲裁协议类型。

3. 教师利用导入案例,引导学员了解明确仲裁事项的实际意义。

4. 教师组织知识拓展的学习,了解如何确认仲裁协议效力。

5. 教师评价学员的学习情况,布置任务思考题。

三、导入案例解析

仲裁的前提是必须存在合法有效的仲裁协议。仲裁协议应包括请求仲裁的意思表示、仲裁事项、选定的仲裁委员会等。仲裁协议应当具体明确,并不能超过法律规定的范围。选定的仲裁机构也应当是明确而且是唯一的,否则,仲裁协议无效。在本案中,当事人约定将合同争议交A市的仲裁委员会或B市的仲裁委员会进行仲裁,此项约定由于使用了选择性词语,无法确定管辖的仲裁委员会。如果双方未能就此达成补充协议,应确认无效。

四、知识拓展

有权确认仲裁协议效力的机构有两个:一为仲裁机构;二为受诉人民法院。如果双方当事人对其业已达成的仲裁协议的效力发生争议,一方当事人就此问题向人民法院起诉,受诉人民法院有权认定该仲裁协议的效力。如果受诉人民法院查明该仲裁协议是无效的,即可受理此案;反之,应当裁定不予受理。如果同一仲裁协议,人民法院认定无效,仲裁庭认为有效,应当以人民法院的认定为准。

五、任务思考

1. 请求仲裁的意思表示应具备哪些条件?

2. 仲裁协议无效的法定情形有哪些?

任务四　熟悉仲裁程序

【导入案例】

2014年8月,若森实业公司与世达贸易公司所属的实用性技术研究所签订了一份充气沙发技术转让合同，后双方在合同履行过程中发生纠纷，根据合同中的仲裁协议，若森实业公司向当地仲裁委员会申请仲裁，仲裁委员会受理此案后，作出世达贸易公司赔偿若森实业公司50万元的裁决，裁决生效后，世达贸易公司拒不履行赔偿责任。

思考：若森实业公司该怎样办？为什么？

一、学习准备

（一）知识准备

1. 仲裁当事人

仲裁当事人是指因可仲裁的民事法律关系发生争议，以自己的名义参加到仲裁程序并受仲裁裁决约束的直接利害关系人。一般是指仲裁案件中的申请人和被申请人。

2. 仲裁程序

(1)申请与受理。

根据《仲裁法》第二十一条的规定，当事人申请仲裁应符合下列条件：①有仲裁协议；②有具体的仲裁请求事实、理由；③属于仲裁委员会的受理范围。

当事人申请仲裁应当向仲裁委员会递交仲裁申请书。仲裁申请书应当载明下列事项：①当事人的姓名、性别、年龄、职业、工作单位、住所、电话、法人或者其他组织的名称、住所、电话和法定代表人或者主要负责人的姓名、职务；②仲裁请求和事实根据、理由；③证据、证人姓名和住所；④所申请的仲裁委员会的名称；⑤申请仲裁的年、月、日；⑥申请人的签名、盖章。

当事人应当按对方当事人的人数和组成仲裁庭的仲裁员人数提交仲裁申请书，并备具副本。

《仲裁法》第二十四条规定，仲裁委员会收到仲裁申请书之日起5日内，认为符合受理条件的，应当受理，并通知当事人；认为不符合受理条件的，应当书面通知当事人不予受理，并说明理由。

(2)组成仲裁庭。

①合议仲裁庭。

合议仲裁庭是指由3名仲裁员组成的仲裁庭。即以集体合议的方式对争议案件进行审理并作出裁决。合议仲裁庭应设首席仲裁员。首席仲裁员是合议仲裁庭的主持者，与其他仲裁员有同等的权利，但在裁决不能形成多数意见时，仲裁裁决则应当按照首席仲裁员的意见作出。

②独任仲裁庭。

独任仲裁庭是指由 1 名仲裁员组成的仲裁庭，即由 1 名仲裁员组成仲裁庭对争议案件进行审理并作出裁决。

(3)仲裁审理。

①开庭。

开庭仲裁，一般应做好三项工作：a. 由首席仲裁员或者独任仲裁员宣布开庭；b. 首席仲裁员或者独任仲裁员核对当事人，宣布案由；c. 宣布仲裁庭组成人员和记录人员名单，告知当事人有关的仲裁权利和义务，询问当事人是否提出回避申请。

②庭审调查阶段。

仲裁庭通常按照下列顺序进行开庭调查：当事人陈述；证人作证，出示书证、物证和视听资料；宣读鉴定意见；宣读勘验笔录。

所有与案件有关的证据应当在开庭时出示，并经双方当事人质证。证据是指能够证明案件真实情况的一切客观事实材料，它是仲裁裁决的依据。

③庭审辩论阶段。

根据《仲裁法》第四十七条的规定，当事人在仲裁过程中有权进行辩论。辩论终结时，首席仲裁员或者独任仲裁员应当征询当事人的最后意见。由此可见，庭审辩论是双方当事人在庭审程序中，为了维护自己的合法利益而行使的一项重要权利。

④裁决。

仲裁裁决是由仲裁庭作出的。独任仲裁庭进行的审理，由独任仲裁员作出仲裁裁决；合议仲裁庭进行的审理，则由 3 名仲裁员集体作出仲裁裁决。

仲裁裁决书是仲裁庭对仲裁纠纷案件作出裁决的法律文书。根据《仲裁法》第五十四条的规定，仲裁裁决书应当写明仲裁请求、争议事实、裁决理由、裁决结果、仲裁费用的负担和裁决日期。如果当事人协议不愿写明争议事实和裁决理由的，可以不写。仲裁裁决书由仲裁员签名，加盖仲裁委员会印章。对仲裁裁决持不同意见的仲裁员，可以签名，也可以不签名。

(4)执行。

仲裁裁决的执行即仲裁裁决的强制执行，是指人民法院经当事人申请，采取强制措施将仲裁裁决书中的内容付诸实现的行为和程序。

《仲裁法》第六十二条规定，当事人应当履行裁决。一方当事人不履行的，另一方当事人可以依照《民事诉讼法》的有关规定向人民法院申请执行。受申请的人民法院应当执行。执行仲裁裁决是人民法院对仲裁制度予以支持的最终和最重要的表现,它构成仲裁制度的重要组成部分,执行仲裁裁决在仲裁制度上具有重要意义。

(二)资料准备

1. 利用图书馆或网络,查阅《仲裁法》第二十一至第五十七条。
2. 以小组为单位,模拟仲裁庭的审理过程。
3. 写一份心得体会。

二、项目设计与项目实施

(一)项目设计

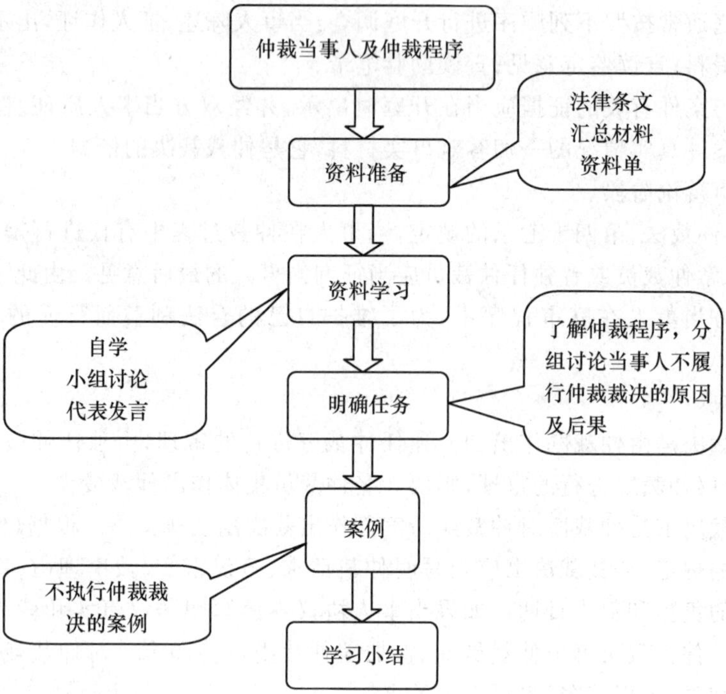

(二)项目实施

1. 安排学员课前通过图书馆、资料室、实地调研、网络等途径查找仲裁程序相关资料。
2. 结合所收集的资料,以小组为单位,在教师的指导下,模拟仲裁审理过程。
3. 教师利用导入案例,引导学员了解当事人不履行仲裁裁决的原因及后果。
4. 教师组织知识拓展的学习,了解仲裁庭如何组成。

5. 教师评价学员的学习情况，布置任务思考题。

三、导入案例解析

根据《仲裁法》第六十二条的规定，当事人应当履行裁决。一方当事人不履行的，另一方当事人可以依照《民事诉讼法》的有关规定向人民法院申请执行。受申请的人民法院应当执行。根据此规定，在本案中若森实业公司对世达贸易公司拒不履行赔偿责任的行为，可直接申请当地人民法院对世达贸易公司强制执行。

四、知识拓展

仲裁庭的组成程序如下。

(一)约定仲裁庭的组成程序

当事人收到仲裁委员会的仲裁规则和仲裁员名册后，应约定仲裁庭的组成形式，并在仲裁规则规定的期间内加以确定，对于仲裁庭的组成形式，当事人既可以约定由 3 名仲裁员组成合议仲裁庭，也可以约定由 1 名仲裁员组成独任仲裁庭。如果当事人没有在仲裁规则规定的期限内约定仲裁庭的组成方式的，则由仲裁委员会主任指定。

(二)确定仲裁员

根据《仲裁法》的规定，当事人约定由 8 名仲裁员组成仲裁庭的，应当各自选定或者各自委托仲裁委员会主任指定 1 名仲裁员，第 3 名仲裁员由当事人共同选定或者共同委托仲裁委员会主任指定。第 3 名仲裁员是首席仲裁员。如果当事人约定由 1 名仲裁员成立仲裁庭的，应当由当事人共同选定或者共同委托仲裁委员会主任指定该独任仲裁员。当事人没有在仲裁规则规定的期限内选定仲裁员的，由仲裁委员会主任指定。仲裁庭组成后，仲裁委员会应当将仲裁庭的组成情况书面通知当事人。

五、任务思考

1. 当事人申请仲裁应符合哪些条件?
2. 仲裁审理的过程包括哪些步骤?

项目二　诉讼法律制度

【项目目标】

完成本项目的学习后，你应该能：

1. 理解管辖的类别；
2. 了解审判组织构成及回避制度；
3. 掌握举证规定；
4. 掌握民事审判程序。

【项目任务描述】

本项目分为理解管辖的类别、了解审判组织构成及回避制度、掌握举证规定、掌握民事审判程序四个任务。通过本项目的学习与操作，能让学员理解管辖的类别、了解审判组织构成及回避制度、掌握举证规定、掌握民事审判程序。通过学习，增强学员对本项目的学习兴趣，提高学员的动手能力、观察分析能力、沟通协作能力，提升职业素养，学会运用诉讼法律制度，维护自身合法权益。

任务一　理解管辖的类别

【导入案例】

王某在甲市 A 区经营日用品，其户籍地和居住地均在乙市 B 区，因手头拮据，向李某借款,经协商,李某同意借给王某人民币 2 万元,讲明一年内连本带息还给李某 2.1 万元。王某当即为李某写下借据。但是,由于日用品店经营不善,严重亏损,王某无力偿还到期欠款,李某多次找王某催要借款,均无果。

思考:李某如果提起诉讼,哪一个法院有管辖权?

一、学习准备

(一)知识准备

1. 管辖的概念

民事纠纷案件的管辖是指上级人民法院与下级人民法院之间,以及同级人民法院之间受理第一审民事纠纷案件的分工和权限。

2. 管辖的类别

(1)地域管辖。

民事纠纷案件的地域管辖是指同级人民法院之间对于第一审民事纠纷案件的职权划分。地域管辖可分为以下三种管辖。

①一般地域管辖。

根据《民事诉讼法》的规定,民事纠纷案件地域管辖的一般原则是"原告就被告的原则",即由被告住所地人民法院管辖。被告为公民的,其住所地为户籍所在地;住所地与经常居住地不一致的,由经常居住地人民法院管辖。被告为法人或其他组织的,其住所地一般理解为主要办事机构所在地。

②特殊地域管辖。

特殊地域管辖又称特别地域管辖,是指以被告住所地、诉讼标的所在地、法律事实所在地为标准确定的管辖。在特殊地域管辖中至少有两个以上的人民法院都有管辖权,当事人可以选择其中一个人民法院进行起诉。

③专属管辖。

专属管辖是指法律明确规定某些特殊类型的案件由特定的人民法院管辖,其他人民法院均无管辖权,当事人也不得协议变更的管辖制度。根据我国《民事诉讼法》的规定,适用专属管辖有以下三种:a. 因不动产纠纷提起的诉讼,由不动产所在地人民法院管辖;b. 因港口作业发生纠纷提起的诉讼,由港口所在地人民法院管辖;c. 因继承遗产纠纷提起的诉讼,由被继承人死亡时住所地或者主要遗产所在地人民法院管辖。

(2)协议管辖。

协议管辖又称合意管辖或约定管辖,是指根据双方当事人的约定的管辖。在债权纠纷中,只有合同之债可以协议管辖,侵权纠纷不能协议管辖,只能法定管辖。

(3)级别管辖。

民事纠纷案件的级别管辖是指各级人民法院的审判庭之间受理第一审案件的分工和权限。

根据《民事诉讼法》的规定,基层人民法院管辖第一审民事案件,但下列民事案件第一审由中级人民法院管辖:重大涉外案件;在本辖区有重大影响的案件;最高人民法院确定由中级人民法院管辖的案件。此外,最高人民法院管理在全国有重要影响的民事案件和认为应当由该院审理的案件。

(4)移送管辖。

移送管辖是指人民法院受理案件后,受诉人民法院发现自己对该案件无管辖权,而将案件移送给有管辖权的人民法院。根据《民事诉讼法》有关管辖的规定,移送管辖有以下特点:①受诉人民法院对已受理的案件依法无管辖权;②接受案件移送的人民法院被认为对案件依法具有管辖权;③为保证案件的及时进行审理,移送只能进行一次,接受移送的人民法院不得再次将案件进行移送,若认为自己对该案件也无管辖权,可将案件报送上级人民法院,由上级人民法院指定管辖。

(5)指定管辖。

指定管辖是指上级人民法院在法律规定的情形下,对某一具体案件,指定其辖区内某个下级人民法院予以管辖。根据《民事诉讼法》对指定管辖的规定,适用指定管辖的情况有三种:①在移送管辖中,所移送的人民法院认为受移送的案件依照规定不属于本院管辖的案件,应当报请上级法院指定管辖;②对案件有管辖权的人民法院因特殊原因无法行使管辖权,由上级法院指定管辖;③两个以上的同级人民法院对管辖权发生争议,由其共同的上级人民法院指定管辖。

(二)资料准备

1. 利用图书馆或网络,查阅《民事诉讼法》第一条至第三十八条及《最高人民法院关于适用〈中华人民共和国民事诉讼法〉的解释》(以下简称《关于适用〈中华人民共和国民事诉讼法〉的解释》)第一条至第四十二条。

2. 收集地域管辖的有关资料。

3. 教师准备的资料单:地域管辖、移送管辖的案例、文章等资料。

二、项目设计与项目实施

(一)项目设计

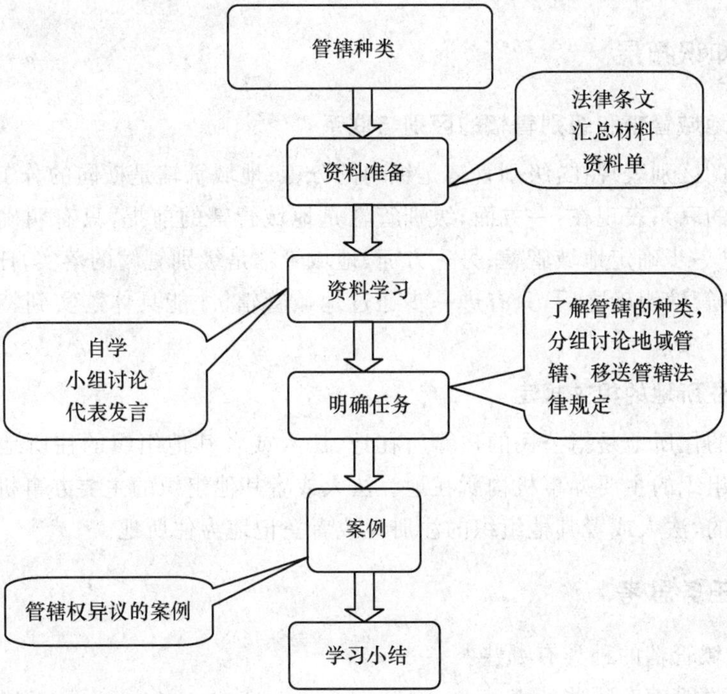

(二)项目实施

1. 安排学员课前通过图书馆、资料室、实地调研、网络等途径查找管辖相关资料。

2. 教师利用导入案例，引导学员了解地域管辖的适用。

3. 教师组织知识拓展的学习，帮助学员了解地域管辖和级别管辖的区别与联系。

4. 教师组织知识拓展的学习，帮助学员了解如何确定公民、法人或者其他组织的住所地。

5. 教师评价学员学习情况，布置任务思考题。

三、导入案例解析

在导入案例中，乙市 B 区人民法院有管辖权，根据《民事诉讼法》的规定，经济纠纷案件的地域管辖的一般原则是“原告就被告的原则”，即由被告住所地人民法院管辖。被告为公民的，其住所地为户籍所在地；住所地与经常居住地不一致的，由经常居住地人民法院管辖。在本案中，作为被告的王某的居住地在乙市B区，则乙市B区人民法院有管辖权。

四、知识拓展

（一）地域管辖和级别管辖的区别与联系

二者的区别表现在：级别管辖是纵向的分工；地域管辖是横向的分工。

二者的联系表现在：一方面，级别管辖是地域管辖的前提，只有明确了级别管辖，才能进一步确定地域管辖；另一方面，地域管辖是级别管辖的落实，任何一个案件，在级别管辖明确之后，只有进一步通过地域管辖，才能具体落实到特定区域人民法院。

（二）住所地的相关规定

公民的住所地是指公民的户籍所在地，法人或者其他组织的住所地是指法人或者其他组织的主要办事机构所在地。法人或者其他组织的主要办事机构所在地不能确定的，法人或者其他组织的注册地或者登记地为住所地。

五、任务思考

1. 地域管辖的种类有哪些？
2. 移送管辖有哪些特点？

任务二 了解审判组织构成及回避制度

【导入案例】

某人民法院审理王某诉赵某一案中，审判员李某、张某和孙某组成合议庭，李某任审判长。案件审理过程中，原告王某以孙某系被告赵某的邻居为由，申请孙某回避。

思考：

1. 这种情况下合议庭该怎么办？

2. 王某提出回避申请后，人民法院作出是否准许回避的决定期限是怎样规定的？

一、学习准备

(一)知识准备

1. 审判组织的构成的概念及适用程序

审判组织的构成是指代表人民法院对案件行使审判权，进行审理和裁判的组织形式。

民事审判组织是人民法院行使审判权，对案件进行审理和裁判的组织形式，根据案件性质、审判程序和审级的不同而异。根据《民事诉讼法》的规定，人民法院审判民事纠纷案件的组织形式有以下两种。

(1)合议制。

合议制是由审判员和陪审员共同组成合议庭或者由审判员组成合议庭对具体案件进行审判的制度。

案件的审级不同，合议庭的组成也不同。

①第一审合议庭的组成。

第一审合议庭的组成有两种情况。一种是由审判员、陪审员共同组成合议庭。陪审员是直接从群众中选举产生，或者由人民法院临时邀请参与案件的审理、行使审判权的非专职审判人员。陪审员在执行陪审职务时，与审判员有同等的权利和义务。另一种是全部由审判员组成的合议庭。

②第二审合议庭的组成。

人民法院审判第二审民事案件，合议庭必须全部由审判员组成。这是第二审民事案件的审判组织与第一审民事案件审判组织的重要区别之一。无论是第一审，还是第二审，合议庭的成员必须是单数。

③重审或再审案件合议庭的组成。

发回重审的案件，原审人民法院应当按照第一审程序另行组成合议庭。再审案件合议庭的组成，应当按原审案件原来的审级确定，即原来是第一审的，按照第一审程序另行组成合议庭；原来是第二审的或者是上级人民法院提审的，按照第二审程序另行组成合议庭。

不论是再审案件原来是由独任审判员审理或由合议庭审理，再审时都必须适用合议庭形式进行审理。上级人民法院提审的再审案件，无论原来是第一审或第二审，均应按照二审程序组成合议庭进行审理。

(2)独任制。

独任制是由一名审判员负责对案件进行审判的制度。适用简易程序审理的民事案件,适用特别程序的选民资格案件或者重大、疑难的案件以外的其他案件,由审判员一人独任审理。即独任制只适用于基层人民法院依第一审程序审理的简单民事案件或按特别程序审理的一般非诉讼案件。

在我国,形式上的审判组织只有合议庭和独任制,但在实质上,行使审判权的还有审判委员会。根据《中华人民共和国人民法院组织法》(以下简称《人民法院组织法》)第十条第一款的规定,各级人民法院设立审判委员会,实行民主集中制。审判委员会的任务是总结审判经验,讨论重大的或者疑难的案件和其他有关审判工作的问题。另外《人民法院组织法》第十三条第一款规定,各级人民法院院长对本院已经发生法律效力的判决和裁定,如果发现在认定事实上或者在适用法律上确有错误,必须提交审判委员会处理。

2. 回避制度的概念及相关内容

(1)回避制度的概念。

回避制度是指审判人员具有法定情形,必须回避,不参与案件审理的制度。回避制度的最重要意义在于保证案件的公正审理。一旦掺杂裁判者的私人利益或关系,就难以保障审判的中立、公正。回避制度的另一层意义在于增加裁判的正当性。即使有公正无私的审判者存在,也往往难以消除当事人在感觉上对审判程序和审判结果的公正性的怀疑。回避制度将与案件有利害关系的审判人员及其他人员排除于民事诉讼程序之外,在实质上都保证了审判的公正性。此外,回避制度也是一种平衡价值冲突的一种技术设置,是对审判者的制度性保护,避免审判者陷于“大义灭亲”的伦理困境。

(2)回避的法定情形和适用对象。

《关于适用〈中华人民共和国民事诉讼法〉的解释》第四十三条规定,审判人员有下列情形之一的,应当自行回避,当事人有权申请其回避:

①是本案当事人或者当事人近亲属的;

②本人或者其近亲属与本案有利害关系的;

③担任过本案的证人、鉴定人、辩护人、诉讼代理人、翻译人员的;

④是本案诉讼代理人近亲属的;

⑤本人或者其近亲属持有本案非上市公司当事人的股份或者股权的;

⑥与本案当事人或者诉讼代理人有其他利害关系,可能影响公正审理的。

《关于适用〈中华人民共和国民事诉讼法〉的解释》第四十四条的规定,审判人员有下列情形之一的,当事人有权申请其回避:

①接受本案当事人及其受托人宴请，或者参加由其支付费用的活动的；

②索取、接受本案当事人及其受托人财物或者其他利益的；

③违反规定会见本案当事人、诉讼代理人的；

④为本案当事人推荐、介绍诉讼代理人，或者为律师、其他人员介绍代理本案的；

⑤向本案当事人及其受托人借用款物的；

⑥有其他不正当行为，可能影响公正审理的。

关于回避制度的适用对象，根据《民事诉讼法》的规定，适用回避的人员包括审判人员（包括审判员和人民陪审员）、书记员、翻译人员、鉴定人、勘验人等。

(3)回避的方式与程序。

回避的方式包括自行回避和申请回避。自行回避是在审判人员或者其他有关人员遇有法定回避情形时主动要求回避。申请回避是由当事人或其诉讼代理人向人民法院提出申请，要求审判人员或其他有关人员回避。

当事人申请回避，可采用口头或书面两种方式。但不论采用何种方式，均应当说明申请回避的理由，即说明需要回避的人员存在何种法定的回避情形。如果诉讼当事人在庭审中提出明显无理的回避申请，审判长可当庭驳回该回避申请。

当事人提出回避申请，应当在案件开始审理时提出，并说明理由。如果回避事由在案件开始审理后知道的，也可以在法庭辩论终结前提出。这样有利于保证回避的适用符合其制度初衷，同时减少回避对诉讼效率的影响。

是否回避的决定权属于人民法院。院长担任审判长时的回避，由审判委员会决定；审判人员的回避，由院长决定；其他人员的回避，由审判长决定。人民法院对当事人提出的回避申请，应当在申请提出的3日内，以口头或者书面形式作出决定。申请人对决定不服的，可以在接到决定时申请复议一次。人民法院对复议申清，应当在3日内作出复议决定，并通知复议申请人。

(二)资料准备

1. 到法院了解一下审判组织有哪几种。

2. 利用图书馆或网络，查阅《民事诉讼法》第三十九条至第四十七条及《关于适用〈中华人民共和国民事诉讼法〉的解释》第四十三条至第四十九条。

3. 思考回避制度的适用对象有哪些？

二、项目设计与项目实施

(一)项目设计

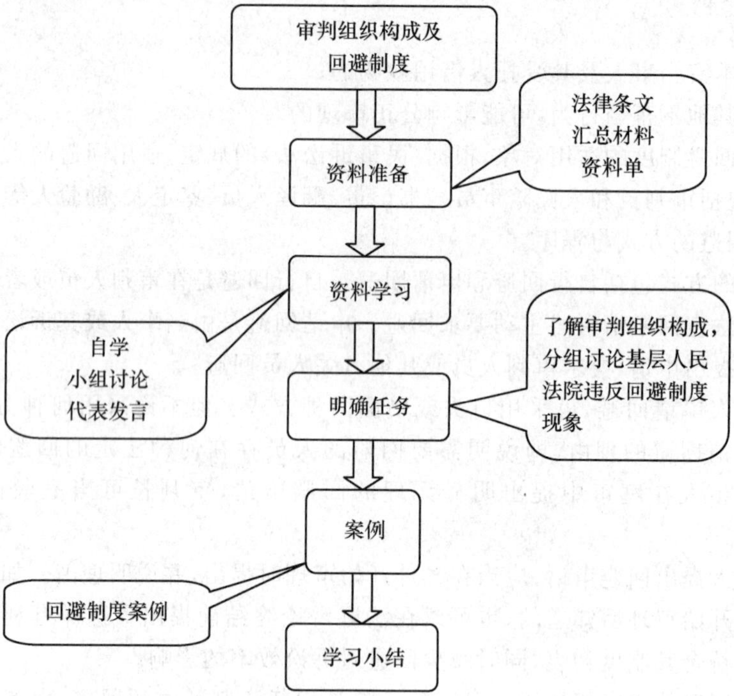

(二)项目实施

1. 安排学员课前通过图书馆、资料室、实地调研、网络等途径查找审判组织构成及回避制度相关资料。

2. 利用所收集的资料，教师组织学员讨论不同案件中审判组织构成情况。

3. 教师利用导入案例，引导学员了解回避制度法律规定。

4. 教师评价学员的学习情况，布置任务思考题。

三、导入案例解析

根据《民事诉讼法》第四十六条的规定，院长担任审判长时的回避，由审判委员会决定；审判人员的回避，由院长决定；其他人员的回避，由审判长决定。因此，在本案中，合议庭应当休庭，由该院院长决定是否回避。

《民事诉讼法》第四十七条的规定，人民法院对当事人提出的回避申请，应当在申请提出的 3 日内，以口头或者书面形式作出决定。因此，在本案中，人民法院作出是否准许回避的决定期限是在王某回避申请提出的 3 日内。

四、知识拓展

《民事诉讼法》于 1991 年 4 月 9 日第七届全国人民代表大会第 4 次会议通过，自颁布之日施行；2007 年 10 月 28 日第十届全国人民代表大会常务委员会第 30 次会议《关于修改〈中华人民共和国民事诉讼法〉的决定》第一次修正；根据 2012 年 8 月 31 日第十一届全国人民代表大会常务委员会第 28 次会议《关于修改〈中华人民共和国民事诉讼法〉的决定》第二次修正，自 2013 年 1 月 1 日起施行。

《关于适用〈中华人民共和国民事诉讼法〉的解释》于 2014 年 12 月 18 日由最高人民法院审判委员会第 1636 次会议通过，自 2015 年 2 月 4 日起施行。

五、任务思考

当事人有权申请审判人员回避的法定情形有哪些？

任务三　掌握举证规定

【导入案例】

张二和李四是好朋友，一日，李四找到张三要借款 1 万元，由于两人的关系不错，张三没让李四写欠条。但借款时，邻居王五在场。后来，李四做生意赔本，张三知道李四赔本后，没催要借款，李四一直也没还钱。后张三找李四要钱时，李四却说已还 5 000 元，只有 5 000 元没还，其同意还 5 000 元。张三无奈，只得向人民法院提起诉讼，要求李四归还借款 1 万元。诉讼中，李四虽承认借过 1 万元，但仍然坚持自己已还 5 000 元，只欠 5 000 元。

思考：

1. 本案中举证责任应如何承担？为什么？

2. 举不出证据的当事人承担什么样的法律后果？

一、学习准备

(一)知识准备

1. 证据的概念及种类

(1)证据的概念。

证据是指在诉讼中能够证明案件真实情况的各种资料。当事人要证明自己提出的主张,需要向人民法院提供相应的证据资料。

(2)证据的种类。

证据的种类是指法律上规定证据来源表现形式的分类。我国《民事诉讼法》把证据分为书证、物证、视听资料、电子数据、证人证言、当事人陈述、鉴定意见、勘验笔录。

2. 举证责任

(1)举证责任的概念。

举证责任是指当事人对自己主张的事实所负有的提出证据加以证明,以及当待证事实处于真伪不明的状态时,应当承担不利后果的责任。

(2)举证责任的分担。

举证责任的分担是指按照一定规则将举证责任公平地分配于当事人之间。在诉讼活动中,当事人主张的法律事实不同,承担的举证责任也不一样。具体来说,举证责任应当按照下例规则进行合理分配。

①谁主张,谁举证。

这是分配举证责任的一般原则。根据这一原则,申请人应当对自己提出的诉讼请求所根据的事实和理由承担举证责任。被告的举证责任,取决于他的答辩内容:如果其答辩只是简单地否认原告主张的事实,不承担举证责任;如果其答辩提出了新的事实,对这一新的事实应当承担举证责任。

②举证责任倒置。

举证责任倒置是指主张某一事实的当事人提出这一事实后,对方当事人否认的,由对方当事人承担举证责任。

举证责任倒置只适用于某些特殊案件。根据《中华人民共和国最高人民法院关于民事诉讼证据的若干规定》(以下简称《最高人民法院关于民事诉讼证据的若干规定》),下列案件实行这一特殊规则。

a. 因新产品制造方法发明专利引起的专利侵权案件,由制造同样产品的单位或者个人对其产品制造方法不同于专利方法的事实承担举证责任。

b. 高度危险作业致人损害的侵权案件，由加害人就受害人故意造成损害的事实承担举证责任。对此，《中华人民共和国侵权责任法》(以下简称《侵权责任法》)作出了一些相应的规定，如该法第七十三条规定，从事高空、高压、地下挖掘活动或者使用高速轨道运输工具造成他人损害的，经营者应当承担侵权责任，但能够证明损害是因受害人故意或者不可抗力造成的，不承担责任。被侵权人对损害的发生有过失的，可以减轻经营者的责任。

c. 因环境污染引起的损害赔偿案件，由加害人就法律规定的免责事由及其行为与损害结果之间不存在因果关系承担举证责任。对此，《侵权责任法》第六十六条规定，因环境污染引起的损害赔偿诉讼，由加害人就法律规定的不承担责任或者减轻责任的事由及其行为与损害结果之间不存在因果关系承担举证责任。

d. 因建筑物或者其他设施以及建筑物上的搁置物、悬挂物发生倒塌、脱落、坠落致人损害的侵权案件，由所有人或者管理人对其无过错承担举证责任。《侵权责任法》对此作出了一定的修改，该法第八十五条规定，建筑物、构筑物或者其他设施及其搁置物、悬挂物发生脱落、坠落造成他人损害，所有人、管理人或者使用人不能证明自己没有过错的，应当承担侵权责任。所有人、管理人或者使用人赔偿后，有其他责任人的，有权向其他责任人追偿。

e. 饲养动物致人损害的侵权案件，由动物饲养人或者管理人就受害人有过错或者第三人有过错承担举证责任。《侵权责任法》对此作出了相应的修改，该法第七十八条规定，饲养动物致人损害的侵权诉讼，动物饲养人或者管理人应当承担侵权责任，但能够证明损害是因被侵权人故意或者重大过失造成的，可以不承担或者减轻责任。

f. 因缺陷产品致人损害的侵权案件，由产品的生产者就法律规定的免责事由承担举证责任。

g. 因共同危险行为致人损害的侵权案件，由实施危险行为的人就其行为与损害结果之间不存在因果关系承担举证责任。

h. 因医疗行为引起的侵权案件，由医疗机构就医疗行为与损害结果之间不存在因果关系及不存在医疗过错承担举证责任。

③合同纠纷案件的举证责任分配。

在合同纠纷案件中，主张合同关系成立并生效的一方当事人对合同订立和生效的事实承担举证责任；主张合同关系变更、解除、终止、撤销的一方当事人对引起合同关系变动的事实承担举证责任。对合同是否履行发生争议的，由负有履行义务的当事人承担举证责任。对代理权发生争议的，由主张有代理权一方当事人承担举证责任。

④法庭决定举证责任分配。

在法律没有例外规定，而按照“谁主张，谁举证”分配举证责任又不公平的情况下，由法庭根据公平原则和诚实信用原则，综合当事人举证能力等因素确定举证责任的承担。

(3)举证责任的免除。

在现实生活中，有些事实不用证明即可确认其是真实的。为了节省人力、物力，加速案件的审理，可以免去当事人证明之赘。也就是说，如果当事人主张这种事实，可以免除其举证责任。

根据《最高人民法院关于民事诉讼证据的若干规定》的相关内容，可以免除当事人举证责任的事实是：

①自认，即一方当事人对另一方当事人陈述的案件事实和提出的诉讼请求，明确表示承认；

②众所周知的事实；

③自然规律及定理；

④根据法律规定或者已知事实和日常生活经验法则，能推定出的另一事实；

⑤已为人民法院发生法律效力的裁判所确定的事实；

⑥已为仲裁机构的生效裁决所确认的事实；

⑦已为有效公证书所证明的事实。

(二)资料准备

1. 利用图书馆或网络，查阅《民事诉讼法》第六十三条至第八十一条及《最高人民法院关于民事诉讼证据的若干规定》全文。

2. 收集举证责任倒置资料。

3. 分析、思考生活中常见纠纷分别应承担哪种举证责任？

二、项目设计与项目实施

(一)项目设计

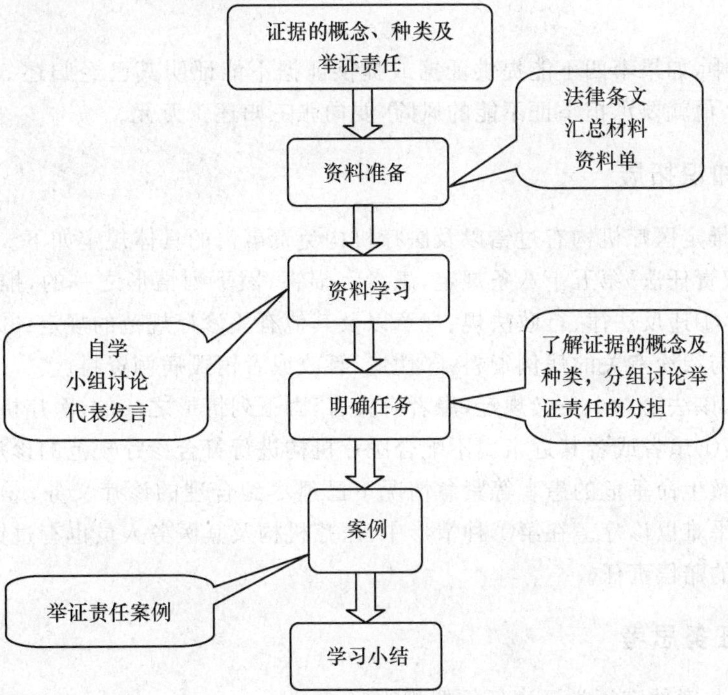

(二)项目实施

1. 安排学员课前通过图书馆、资料室、实地调研、网络等途径查找举证责任分担相关资料。

2. 教师利用导入案例,引导学员掌握债务等常见纠纷如何举证。

3. 教师组织知识拓展的学习,帮助学员了解推定医疗机构有过错及医疗机构免责事由的法律规定。

4. 教师将学员分组,每组列举 2～3 个常见纠纷(劳务、债务、医疗等纠纷),根据所学知识,分析讨论双方当事人各自应承担哪些举证责任。

5. 教师评价学员的学习情况,布置任务思考题。

三、导入案例解析

在导入案例中,李四应当负证明自己已经归还了 5 000 元的举证责任。根据

《民事诉讼法》第六十四条的规定，当事人提出自己的主张，有责任提供证据。本案中，原告张三起诉，要求被告李四归还1万元欠款，原告张三要举出证据证明。由于被告李四在诉讼中承认了此事实，构成了诉讼中的自认，原告不再承担举证责任。但被告李四又提出了已经归还5 000元的新的事实主张，故被告李四要承担举证责任。

本案中，如果李四不能提供证据或提供证据不能证明其已经归还5 000元的事实，那么他就要承担举证不能的风险，要向张三归还1万元。

四、知识拓展

关于推定医疗机构有过错以及医疗机构免责事由的具体规定如下。

《侵权责任法》第五十八条规定，患者有损害，因下列情形之一的，推定医疗机构有过错：①违反法律、行政法规、规章以及其他有关诊疗规范的规定；②隐匿或者拒绝提供与纠纷有关的病例资料；③伪造、篡改或者销毁病例资料。

此外，该法第六十条又规定，患者有损害，因下列情形之一的，医疗机构不承担赔偿责任：①患者或者其近亲属不配合医疗机构进行符合诊疗规范的诊疗；②医务人员在抢救生命垂危的患者等紧急情况下已经尽到合理的诊疗义务；③限于当时的医疗水平难以诊疗。在第①种情形中，医疗机构及其医务人员也有过错的，应当承担相应的赔偿责任。

五、任务思考

1. 哪些案件实行举证责任倒置规则？
2. 举证责任免除的法定事由有哪些？

任务四　掌握民事审判程序

【导入案例】

A粮油加工厂与B商场签订了粮油购销合同，交货后，B商场认为该批粮油存在质量问题而拒付货款，而A粮油加工厂否认其产品存在质量问题，并向人民法院提起诉讼，法院经过审理判决B商场败诉，在上诉期内，双方均未上诉。判决生效后，B商场请质检部门对该批粮油重新检验，检验结果表明粮油质量问题产生于生产环节。B商场遂以此为由提起上诉，要求撤销原判，并判决A粮油加工厂赔偿损失。

思考:人民法院会受理吗？为什么？

一、学习准备

(一)知识准备

1. 第一审程序

(1)普通程序。

普通程序是人民法院审理第一审案件通常适用的程序,也是民事审判中最完整的一种程序。普通程序包括起诉和受理、审理前的准备、开庭审理三个阶段。

(2)简易程序。

简易程序是指简化了的普通程序,是基层人民法院及其派出法庭审理简单的民事案件所运用的一种独立的简便易行的诉讼程序。根据《民事诉讼法》的规定,对于事实清楚、权利义务关系明确、争议不大的简单民事案件,可以适用简易程序。简易程序仅适用于第一审程序,不适用于第二审程序,也不适用于发回重审和按照审判监督程序再审的案件。

2. 第二审程序

第二审程序是指当事人不服第一审人民法院的判决、裁定,在法定的期限内提起上诉,由上一级人民法院进行审理的程序。上诉状应通过原审人民法院提出。我国实行两审终审的审级制度,一审判决和某些裁定作出之后,并不立即生效,当事人可以在法定期间内提起上诉,请求上级人民法院进行审理,由二审人民法院作出最终裁判,因此,二审程序又称终审程序。通常作出以下处理:①原判决认定事实清楚,适用法律正确的,判决驳回上诉,维持原判决;②原判决适用法律错误的,依法改判;③原判决认定事实错误,或者原判决认定事实不清,证据不足的,裁定撤销原判决,发回原审人民法院重审或者查清事实后改判;④原判决违反法定程序,可能影响案件正确判决的,裁定撤销原判决,发回原审人民法院重审。

第二审程序适用普通程序的规定,可以分为上诉和受理、法庭审理和裁判等阶段。

3. 审判监督程序

审判监督程序是指人民法院发现已经发生法律效力的判决、裁定、调解书确有错误,对案件进行再次审理的程序,又称再审程序。审判监督程序不是诉讼的必经阶段,而是特殊的纠错程序。提起再审程序有两种途径和方式:①由有审判监督权的机关和公职人员提起再审;②当事人申诉。

当事人对已经发生法律效力的判决、裁定,认为有错误的,可以向原审人民法院或者上一级人民法院申请再审；当事人也可以向检察机关申诉，由检察机关向人民法院提起抗诉。当事人申诉的案件，必须在判决、裁定、调解书生效之日起 2 年内提出；但人民法院或检察机关根据审判监督权提起再审的案件不受时间限制。

人民法院决定再审的案件，应当裁定中止原判决的执行。人民法院审理再审案件，应当另行组成合议庭，原审案件的审判人员应当回避。

4. 特别程序

特别程序是人民法院对非民事权益冲突的案件的审理程序。所谓非民事权益冲突，是指诉讼标的不是民事法律关系纠纷，而是确认某种法律事实是否存在或权利状态的有无或能否行使某种资格。

根据《民事诉讼法》的规定，特别程序适用于两类案件：一类是选民资格案件；另一类是非讼案件，包括宣告公民失踪或死亡案件、认定公民无行为能力或限制行为能力案件、认定财产无主案件。特别程序较为简单，一般实行审判员独任审理制。一审终审。

5. 督促程序、公示催告程序与企业法人破产还债程序

督促程序是指人民法院根据债权人要求给付金钱或者有价证券的申请，向债务人发出支付命令，若债务人逾期不履行，人民法院可强制执行的程序。

公示催告程序是指人民法院根据当事人的申请，以公告的方法，催告利害关系人在法定期间内申报权利，逾期不申报权利，就作出除权判决的程序。

企业法人破产还债程序是指人民法院根据债权人或债务人的申请，对因严重亏损，无力清偿到期债务的企业法人，宣告破产，将债务人的财产公平地清偿给债权人的程序。

6. 执行程序

执行程序是指人民法院将生效的法律文书依法予以强制执行的程序。

执行程序由享有权利的当事人向有管辖权的人民法院提起。根据《民事诉讼法》的规定，人民法院制作的具有财产内容的民事判决、裁定、调解书和刑事判决、裁定中的财产内容，由第一审人民法院执行，支付令由制作支付令的人民法院执行，其他机关制作的有强制执行力的法律文书由被执行人住所地或者被执行人的财产所在地人民法院执行。申请执行的期限，双方或者一方是公民的为 1 年，双方是法人或者其他组织的为 6 个月，从法律文书规定履行期限的最后一日起计算。

(二)资料准备

1. 利用图书馆或网络，查阅《民事诉讼法》第一百一十九条至第一百四十九条。
2. 学员分组，每组起草一份常见民事纠纷的起诉状。
3. 教师准备的资料单：当事人不服二审判决、裁定的案例等资料。

二、项目设计与项目实施

(一)项目设计

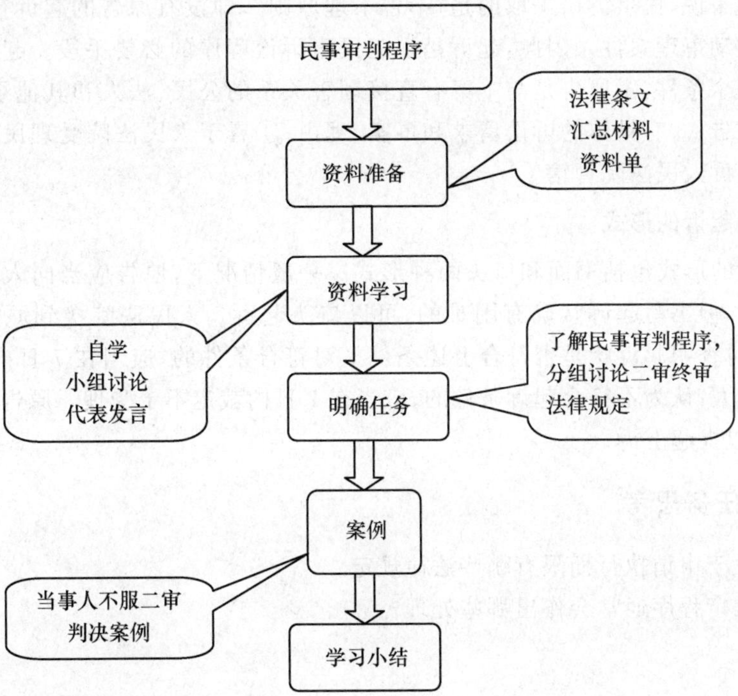

(二)项目实施

1. 安排学员课前通过图书馆、资料室、实地调研、网络等途径查找审判程序相关资料。

2. 教师利用导入案例，引导学员认识法定上诉期限的重要性。

3. 教师组织知识拓展的学习，帮助学员了解“不告不理原则”的法律规定。

4. 教师组织点评指导学生所写的起诉状。

5. 教师评价学员的学习情况，布置任务思考题。

三、导入案例解析

在导入案例中，人民法院将不予受理。按照《民事诉讼法》的有关规定，当事人不服第一审人民法院的判决、裁定，在法定的期限内提起上诉。超过了上诉期，人民法院不予受理，但应告知当事人按申诉处理。

四、知识拓展

(一)起诉的条件

一般来说,民事诉讼采取的是"不告不理原则",即没有原告的起诉行为,人民法院不主动审理案件。因此,起诉是引起民事诉讼程序的必要手段。起诉必须具备以下四个条件:①原告是与本案有直接利害关系的公民、法人和其他组织;②有明确的被告;③有具体的诉讼请求和事实、理由;④属于人民法院受理民事诉讼的范围和受诉人民法院管辖。

(二)起诉的形式

起诉的形式包括书面和口头两种形式。一般情况下,原告应当向人民法院递交起诉状,但书写起诉状确有困难的,可以口头起诉。人民法院接到原告的起诉后,应及时查明起诉状是否符合上述条件。对符合条件的,应当在7日内立案,并通知当事人;认为不符合起诉条件的,应当在7日内裁定不予受理。原告对裁定不服的,可以提起上诉。

五、任务思考

1. 关于申请执行期限有哪些法律规定?
2. 二审程序通常会作出哪些处理?

模块六　农村常见的几种经济纠纷

项目一　相邻关系纠纷

项目二　承揽合同纠纷

项目三　订单农业纠纷

项目一　相邻关系纠纷

【项目目标】

完成本项目的学习后，你应该能：

1. 理解所有权的法律规定；
2. 知晓相邻关系纠纷的处理原则。

【项目任务描述】

本项目分为理解所有权的法律规定、知晓相邻关系纠纷的处理原则两个任务。通过本项目的学习与操作，能让学员理解所有权的法律规定、知晓相邻关系纠纷的处理原则。通过学习，增强学员对本项目的学习兴趣，提高学员的动手能力、观察分析能力、沟通协作能力，提升职业素养，学会运用所学知识，合法取得财产所有权，正确处理相邻关系。

任务一　理解所有权的法律规定

【导入案例】

农民王某到李某家串门，不慎将一钱包落到李某家。李某发现后，打开一看，内有 5 000 元现金，这时，他正好从收音机里得知某大学的学生因患白血病而向社会求助，李某就产生了将这笔意外之财捐给患病学生的想法，于是就将 5 000 元现金寄给这位大学生用以治病。几天后王某发现钱包不见了，经回忆忘在了李某家，于是他找到了李某，要求返还 5 000 元现金，李某说钱已经捐给了患白血病的大学生，自己没有得到利益，并拿出汇款存根为凭证，因而拒绝返还钱款，王某向人民法院提起了诉讼，要求李某返还 5 000 元现金。

思考：王某能否索回 5 000 元钱呢？

王某与林某为邻居。2005 年王某全家迁往外地，因不知以后是否回来，遂将其 4 间房屋借给林某使用，并托林某妥为管理。林某自王某离去后，即使用该房屋。2013 年，林某因儿子结婚需要住房，即将王某的房子整修了一下，并在王某房屋占用的院内新盖厢房 3 间，共花费 1 500 元左右。2014 年，王某因年龄已大，即回老家居住，让林某腾还房屋。于是，林某将王某的原 4 间房屋还给林某，自己仍住在 3 间厢房。王某让林某归还厢房，林某称厢房是自己建的，应归其所有，如王某愿意要可以卖给王某。而王某则认为，厢房虽然是林某盖的，但在自己院内，故应归自己所有。何况林某住在自己院内多年也未付过房租，而对房屋的修缮费用他已还给林某。双方争执不下，王某就诉至人民法院，请求人民法院判令林某搬出厢房，归还给他。

思考：试运用民法原理对该问题进行分析。

一、学习准备

(一)知识准备

1. 财产所有权的概念及特征

财产所有权是财产所有人在法律规定的范围内，对属于其他财产享有的占有、使用、收益、处分的权利。

所有权具有以下的特征：

第一，所有权是绝对权。所有权与债权不同，债权的实现必须依靠债务人履行债务的行为，主要是作为；所有权不需要他人的积极行为，只要他人不加干预，所有人自己便能实现其权利。所有权关系的义务主体是所有权人以外的一切人，他所负的义务是不得非法干涉所有权人行使其权利，是一种特定的不作为义务。基于所有权与债权的这种区别，法学上把所有权称为绝对权，把债权称为相对权。

第二，所有权具有排他性。所有权属于物权，具有排他的性质。所有权人有权排除他人对于其行使权利的干涉，并且同一物上只能存在一个所有权，而不能并存两个或两个以上的所有权。当然，所有权的排他性并不是绝对的，特别是在我国，为了社会公共利益对于集体所有权或个人所有权进行干预是常见的，也是必需的。但是，作为与其他财产权尤其是与债权的区别，所有权的排他的性质还是十分明显的。

第三，所有权是一种最完全的物权。所有权是所有人对于其所有物进行一般的、全面的支配，内容最全面、最充分的物权，它不仅包括对于物的占有、使用、收益，还包括对于物的最终处分权。所有权作为一种最完全的物权，是他物权的源泉。与之相比较，抵押权、质权、留置权等他物权，仅仅是享有所有权的部分权能。

第四，所有权具有弹力性。所有人在其所有的财产上为他人设定地役权、抵押权等权利，虽然占有、使用、收益甚至处分权都能与所有人发生全部或者部分的分离，但只要没有发生使所有权消灭的法律事实（如转让、所有物灭失），所有人仍然保持着对于其财产的支配权，所有权并不消灭。当所有物上设定的其他权利消灭，所有权的负担除去的时候，所有权仍然恢复其圆满的状态，即分离出去的权能仍然复归于所有权人，这称为所有权的弹力性。

第五，所有权具有永久性。这是指所有权的存在不能预定其存续期间。例如，当事人不能像约定债权债务期限那样，约定所有权只有 5 年期限，过此期限则所有权消灭。当事人对所有权存续期间的约定是无效的。

2. 所有权的分类、取得的方式及消灭

(1)所有权的类型。

根据生产资料所有制的不同形式划分，所有权分为国家财产所有权、集体财产所有权、个人财产所有权三类。

(2)所有权的取得。

所有权的取得是指所有权因一定法律事实的存在而对特定主体发生的效力。我国对不动产所有权的取得上是以登记为不动产所有权转移的特别生效要件。下面重点阐述动产所有权的取得方式。

①原始取得。

原始取得是指根据法律规定，最初取得财产的所有权或不依赖于原所有人的意志而取得财产的所有权。原始取得的方式有劳动生产、先占、孳息、添附、善意取得、拾得遗失物、发现埋藏物等。

a. 先占。

先占是指因事实行为而取得动产所有权。

b. 拾得遗失物。

遗失物是指他人不慎丧失占有的动产。拾得遗失物是指发现他人遗失物而予以占有的法律事实。

c. 发现埋藏物。

埋藏物是指埋藏于他物之中的动产。发现所有人明确的埋藏物，其所有权仍属于原所有人（具体规则适用拾得遗失物的有关规定）。根据《民法通则》的规定，发现所有人不明确的埋藏物，归国家所有。

d. 添附。

添附是指民事主体把不同所有人的财产或劳动成果合并在一起,在恢复原状于事实上不可能或者于经济上不合理的情况下,形成另一种新形态的财产。

如果添附行为出于恶意,则原所有人有权要求添附人恢复原状,并赔偿损失。在上述情况下,关于新所有权的归属,应由当事人协商处理,或归一方所有,或归当事人共有。如果不能达成协议,应当比较添附价值与原财产价值,由价值量高的一方所有,但其应当向另一方给付适当的经济补偿。需要注意的是,在动产与不动产的附合中,一般由不动产所有人取得新财产的所有权,但应当给动产所有人以补偿。

e. 善意取得。

根据《中华人民共和国物权法》(以下简称《物权法》)第一百零六条的规定,善意取得是指无权处分他人物的占有人,在不法将物转让给第三人以后,如果受让人在取得该物时出于善意,即可依法取得该物所有权的法律制度。受让人在取得物的所有权以后,原所有人不得要求受让人返还财产,而只能请求转让人(占有人)赔偿损失。

②继受取得。

继受取得又称传来取得,是指通过某种法律事实从原所有人那里取得对某项财产的所有权。

继受取得的原因包括法律行为取得和法律行为以外的事实取得两大类,具体方式如下。

a. 合同。

民事主体双方达成协议,通过买卖、赠予等合同行为使得所有权发生移转。此处取得所有权的行为属于继受取得。

b. 继承遗产。

继承人按照法律的直接规定或者合法有效遗嘱的指定,取得被继承人死亡时遗留的个人合法财产。

c. 接受遗赠。

公民、集体组织或者国家作为受遗赠人,按照被继承人生前所立的合法有效遗赠的指定,取得遗赠的财产。

(3)所有权的消灭。

所有权消灭的方式大致有如下几种。

①客体灭失。

如因自然灾害、生活消费、生产消耗等事实或行为引起的所有权客体的灭失。

②主体消灭。

如公民自然死亡或被宣告死亡,法人被撤销或解散,无法再作为所有权人,原享有的所有权依法律程序被转移给他人从而归于消灭。

③依法转让。

如公民或法人通过买卖、赠与等合法方式将其财产出卖、赠予给他人，使得原所有权发生移转。

④所有权被抛弃。

如丢弃某项财物等，导致其不再享有对被弃财产的所有权。

⑤依法强制消灭。

国家依照法律规定，为了社会公共利益的需要，采用强制措施，有偿或无偿地迫使所有权人转移原享有的所有权。如国家依法征收某项财产。

(二)资料准备

1. 利用图书馆或网络，查阅《民法通则》《物权法》所有权相关规定。
2. 师生共同收集财产所有权纠纷及所有权滥用的资料。
3. 分析自己财产的取得方式，思考生活中财产所有权消灭的情形有哪些？

二、项目设计与项目实施

(一)项目设计

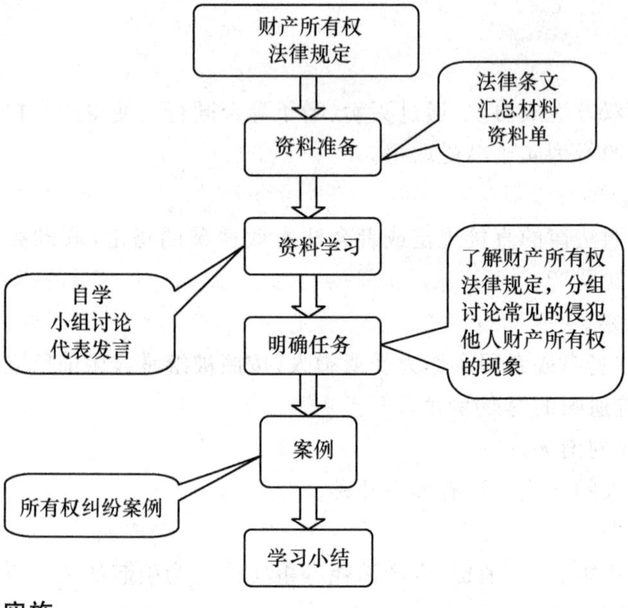

(二)项目实施

1. 安排学员课前通过图书馆、资料室、实地调研、网络等途径查找财产所有权相关资料。

2. 教师利用导入案例解析，正确引导学员合法取得财产所有权。

3. 教师组织知识拓展的学习，帮助学员了解拾得遗失物的法律规定。

4. 结合自己的生产生活，以小组为单位讨论常见的财产所有权被侵犯现象。

5. 教师评价学员的学习情况，布置任务思考题。

三、导入案例解析

案例1中王某的5 000元钱系王某的财产，王某享有所有权，对该5 000元钱享有占有、使用、收益、处分的权利。而李某虽然捡到了该5 000元钱，但是他却并没有所有权，不能未经所有权人的同意随意处分别人的财产，所以存在过错，因此李某应该对王某的损失进行赔偿。

案例2争议的焦点就在于添附物的所有权归属问题。在添附物的所有权归属上，相关法律规定：非产权人在使用他人的财产增添附属物，财产所有人同意增添，并就财产返还时附属物如何处理有约定的，按约定办理；没有约定又协商不成，能够拆除的，可以责令拆除；不能拆除的，也可以折价归财产所有人；造成财产所有人损失的，应当承担赔偿责任。但是，如果没有约定而又可以拆除的就进行拆除，经济上不一定合理。所以，在添附的情况下，应考虑的是，如果添附物不容易拆开或拆开不经济不合理，就应保持其结合状态，而不应强行拆除。添附的结果是，一方所有权有所扩大，而另一方所有权丧失。在当事人方面看，对于丧失所有权的一方，必须加以救济，才能公平。因此，从公平的原则出发，因添附而受到损失的一方当事人得要求获得利益的一方返还其所得的利益。

从案例2来看，林某是在王某的宅基地范围内建造房屋的，宅基地的使用权和房屋的所有权是一致的，只能为一人所有，因而林某是不能取得房屋的所有权的。所以，在这种于他人宅基地上建筑房屋的情况下，厢房应当由王某取得所有权。然而，在添附中，取得所有权的一方并没有取得利益的根据，其对因此而造成的他人的损失应当于所得利益范围内返还。所以，王某应当向林某返还其所得的不当利益。返还范围为林某建房的费用及相关的劳务报酬。

四、知识拓展

《物权法》第一百零九条规定，拾得遗失物，应当返还权利人。作为拾得人首先应当在20日内通知权利人或交给有关部门处理。另外，根据《物权法》第一百一十二条的规定，拾得人在返还拾得物时，可以要求支付必要费用，但不得要求支付报酬。但遗失人发出悬赏广告，愿意支付一定报酬的，不得反悔。

根据《物权法》第一百一十二条的规定，拾得人拒不返还遗失物，按侵权行为处理。拾得人不得要求支付必要费用。

拾得漂流物、发现埋藏物或者隐藏物的，同样适用关于遗失物的规则。

根据《物权法》第一百一十三条的规定，自有关部门发出招领公告之日起6个月内无人认领的，遗失物归国家所有。

五、任务思考

1. 财产所有权的特征有哪些？

2. 财产所有权取得的途径有哪些？

任务二 了解相邻关系纠纷的处理原则

【导入案例】

某村村民甲与乙是邻居，两家的房屋是东西走向，房门朝北开，甲居住的房屋位置在里边。一年前，乙擅自在房前公共过道中央沿着房屋的方向自东向西垒起一堵墙，该墙严重影响了甲的通行，给其全家进出房屋造成很大障碍。为此，甲及其家人曾多次与乙协商，请求其拆除，可是乙不予理睬。

思考：该案该如何处理？

一、学习准备

（一）知识准备

1. 相邻关系的概念及特征

相邻关系是指不动产的相邻各方在行使所有权或使用权时，因相互间依法应当给予方便或接受限制而发生的权利义务关系。

相邻关系的特征包括：

（1）相邻关系的主体是不同不动产的所有人或使用人、合法占有人；

（2）相邻关系是因为主体所有或使用的不动产相邻而发生的；

（3）相邻关系的内容因种类不同而有所不同，但基本上是两个方面，一是相邻一方有权要求他方提供必要的便利，他方应基于必要提供便利，二是相邻各方在行使相邻权时，应尽量避免和减少给对方造成的损失，不得滥用权利；

（4）相邻关系的客体是行使不动产权利所体现的利益。

2. 几种主要的相邻关系

（1）相邻用水、排水关系。不动产权利人应当为相邻权利人用水、排水提供必要的便利。对自然流水的利用,应当在不动产的相邻权利人之间合理分配。对自然流水的排放,应当尊重自然流向。

(2)因通行产生的相邻关系。不动产权利人对相邻权利人因通行等必须利用其土地的,应当提供必要的便利。

(3)因修建施工、防险发生的相邻关系。不动产权利人因建造、修缮建筑物以及铺设电线、电缆、水管、暖气和燃气管线等必须利用相邻土地、建筑物的,该土地、建筑物的权利人应当提供必要的便利。

(4)因通风、采光发生的相邻关系。建造建筑物,不得违反国家有关工程建设标准,妨碍相邻建筑物的通风、采光和日照。

(5)相邻排污关系。不动产权利人不得违反国家规定弃置固体废物,排放大气污染物、水污染物、噪声、光、电磁波辐射等有害物质。

(6)相邻防险关系。不动产权利人挖掘土地、建造建筑物、铺设管线以及安装设备等,不得危及相邻不动产的安全。

3. 处理相邻关系的原则

《物权法》第八十四条规定了相邻关系处理的基本原则,即“不动产的相邻权利人应当按照有利生产、方便生活、团结互助、公平合理的原则,正确处理相邻关系。”《民法通则》第八十三条规定:“不动产的相邻各方,应当按照有利生产、方便生活、团结互助、公平合理的精神,正确处理截水、排水、通行、通风、采光等方面的相邻关系。给相邻方造成妨碍或者损失的,应当停止侵害,排除妨碍,赔偿损失。”

(1)有利生产。

有利生产就是要保障生产的顺利进行,保障生产的发展。如果因不动产的相邻权利冲突阻碍了生产的发展,就违背了社会发展的基本原则。所以,相邻权利人应该从有利生产的角度处理相互之间的权利冲突。如果双方协商、调解不成,而不得以进行仲裁和诉讼时,仲裁机构和审判机关裁决相邻关系的权利冲突时,将会按照有利于生产原则进行处理。

(2)方便生活。

方便生活是相邻权利人生活便利的基本权利,即一方权利人在行使物权时原则上不能造成相邻权利人的生活不便。如果出现这种情况而发生仲裁和诉讼,裁决机关会按照方便生活的原则处理纠纷。

(3)团结互助。

团结互助是我国民间长期倡导的相邻关系处理原则,基于这样一个社会道德要求,对于因相邻关系发生的权利冲突,有关部门的处理原则是通过调解促进相邻权利人实现团结互助。

(4)公平合理。

公平合理是解决一切民事纠纷的基本原则，相邻权利冲突的处理也应该本着公平合理的原则进行。无论是民间调解组织、有关行政机关，还是仲裁机关和审判机关，在处理和解决相邻权利冲突和纠纷时，都必须做到公平合理，只有公平合理，才能真正实现平息争诉促进相邻关系的和谐解决。

(5)根据《物权法》第八十五条的规定，解决和处理相邻关系，法律、法规对处理相邻关系有规定的，依照其规定；法律、法规没有规定的，可以按照当地习惯。

这一处理相邻关系的原则也非常重要，因为法律、法规有规定的，必然要求按照法律法规处理。当法律、法规没有规定时，按照当地的民俗习惯处理相邻权利冲突也容易被相邻权利人所接受。

不动产权利人因用水、排水、通行、铺设管线等利用相邻不动产的，应当尽量避免对相邻的不动产权利人造成损害；造成损害的，应当给予赔偿。

(二)资料准备

1. 利用图书馆或网络，查阅《民法通则》《物权法》有关相邻关系的规定。
2. 收集邻里关系纠纷的案例，分析其成因。
3. 思考生活中你遇到的相邻关系有哪些类型？

二、项目设计与项目实施

(一)项目设计

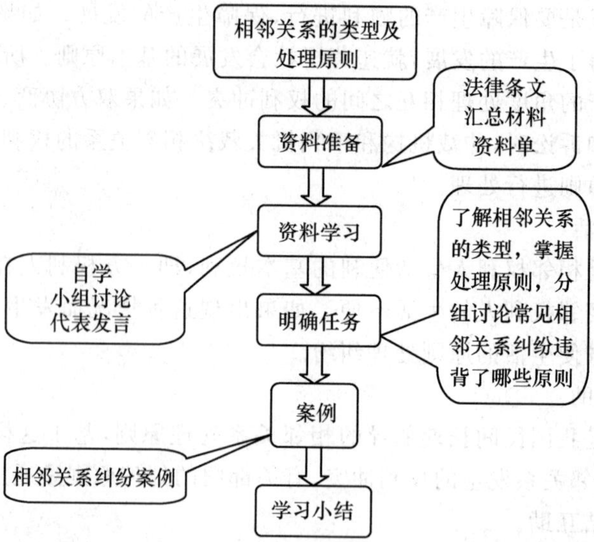

(二)项目实施

1. 安排学员课前通过图书馆、资料室、实地调研、网络等途径查找相邻关系有关资料。

2. 教师利用导入案例解析，引导学员如何正确地处理相邻关系。

3. 以小组为单位讨论常见相邻关系纠纷违背了哪些原则，应注意的问题。

4. 教师评价学员的学习情况，布置任务思考题。

三、导入案例解析

在导入案例中，乙在公用过道中央砌墙，严重影响了甲的正常通行，给甲全家的生活带来很大不便。依据《民法通则》的规定，不动产的相邻各方，应当按照有利生产、方便生活、团结互助、公平合理的精神，正确处理截水、排水、通行、通风、采光等方面的相邻关系。乙的行为侵害了甲的通行等合法权益，违反了《民法通则》有关相邻关系的规定。根据《民法通则》及《物权法》的相关规定，“给相邻方造成妨碍或者损失的，应当停止侵害，排除妨碍，赔偿损失。”“妨害物权或者可能妨害物权的，权利人可以请求排除妨害或者消除危险。”据此，甲有权要求乙排除妨害，将该墙予以拆除。如果乙拒不拆除，甲可以请求人民法院判令乙予以拆除。

四、任务思考

1. 列举常见的相邻关系。

2. 相邻关系的处理原则有哪些？

项目二　承揽合同纠纷

【项目目标】

完成本项目的学习后，你应该能：
1. 了解农村常见的几种承揽形式；
2. 掌握承揽合同纠纷的处理方式。

【项目任务描述】

本项目分为了解农村常见的几种承揽形式、掌握承揽合同纠纷的处理方式两个任务。通过本项目的学习与操作，能让学员了解农村常见的几种承揽形式、掌握承揽合同纠纷的处理方式。通过学习，增强学员对本项目的学习兴趣，提高学员的动手能力、观察分析能力、沟通协作能力，提升职业素养。

任务一　了解农村常见的几种承揽形式

【导入案例】

王大妈提供棉布和麻底给李鞋匠，要求定制 5 双棉鞋。开工不久李鞋匠做好了 3 双，王大妈觉得棉鞋不好看，就要求李鞋匠停止制作。李鞋匠认为这是个无理要求，便继续使用剩下的材料，按原定样式做好了剩下的两双。结果，王大妈要求李鞋匠赔偿材料的损失，李鞋匠则要求王大妈支付全部报酬，两个人吵得不可开交。后经村干部调解，王大妈不情愿地支付了部分报酬拿回了鞋。

思考：该纠纷应如何处理？

一、学习准备

（一）知识准备

1. 承揽的概念

承揽是指承揽方按照定作方提出的要求完成一定的工作，定作方接受承揽方完成的工作成果并给付约定报酬的行为。提出加工任务的一方，称为定作方；接受并完成加工任务的一方，称为承揽方。

2. 农村常见承揽的种类

（1）加工。

所谓的加工，就是指承揽人以自己的技能、设备和劳力，按照定做人的要求，将定做人提供的原材料加工为成品，定做人接受该成品并支付报酬的合同。加工合同是实践中大量存在的合同，它既有生产性，如每年的新茶季，茶农提供新鲜的茶叶给当地的茶叶加工作坊烘焙茶叶，茶农支付加工费给作坊；也有生活性，如服装店用顾客提供的布料为其裁缝衣服。

（2）定作。

定作就是承揽人根据定做人的要求，以自己技能、设备和劳力，用自己的材料为定做人制作成品，定做人接受该特别制作成品并给付报酬的合同。定作合同在日常生活中也很常见，如木匠按照定制人的指示，采用定制人要求的木料制作衣柜；某家人盖新房，需要一种特定尺寸的红砖，就找砖厂定制这种红砖，把要求告知砖厂，按约定时间提货。定作与加工的区别在于定作中承揽人需自备材料，而不是由定做人提供的。

（3）修理。

修理既包括承揽人修复损坏的动产，如修理农机具、修理手机、修理手表、修理电器、修理自行车、修理鞋、修理灶具等；又包括对不动产的修缮，如检修房屋顶的防水层。

（4）修缮合同。

即承揽人为房屋等建筑物进行修缮，收取修缮费用，当事人之间就其权利义务所达成的协议。

（5）其他承揽合同。

即承揽人按照定做人的要求，完成其他承揽工作，如设计、农村水井水质检验等。

(二)资料准备

1. 利用图书馆或网络,查阅《合同法》第二百五十一条至第二百六十八条。

2. 你熟悉的承揽合同有哪些? 起草一份承揽合同。

3. 教师准备的资料单:农村常见承揽合同纠纷案例等资料。

二、项目设计与项目实施

(一)项目设计

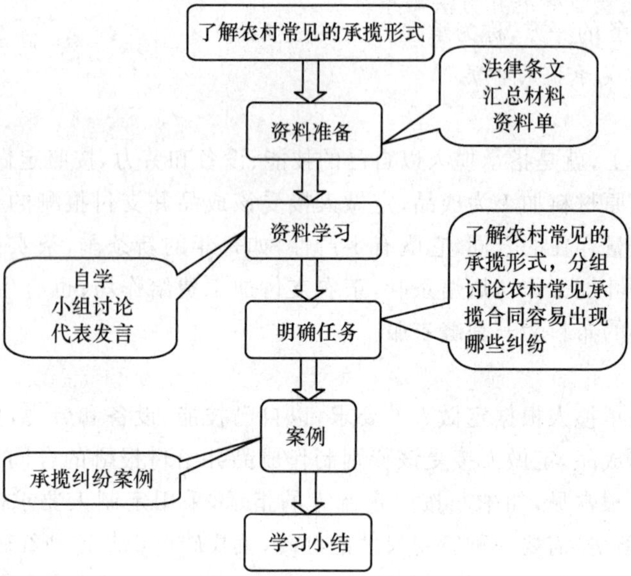

(二)项目实施

1. 安排学员课前通过图书馆、资料室、实地调研、网络等途径查找农村常见的承揽形式有关资料。

2. 教师利用导入案例解析,总结农村常见承揽合同容易出现的纠纷。

3. 教师组织知识拓展的学习,引导学员掌握农村常见的承揽合同的具体法律规定。

4. 教师评价学员的学习情况,布置任务思考题。

三、导入案例解析

在导入案例中,王大妈提供原料让李鞋匠做鞋,是承揽合同中的定作关系。按照《合同法》相关规定,合同成立后,承揽人交付完成的工作成果前,定做人可以随时解除承揽合同,造成承揽人损失的,应当赔偿损失。本案例中,王大妈觉得鞋子样式不好看而要求停止制作,这是解除合同的行为,是法律许可的。但是在合同解除前已经做好的3双鞋,王大妈是要支付加工费的。合同解除后(即王大妈要求停止制作棉鞋之后),李鞋匠做出剩下的两双鞋,王大妈可以拒绝支付那两双鞋的加工费。不仅如此,李鞋匠还要赔偿制作剩下两双鞋的原材料给王大妈。

四、知识拓展

承揽合同的具体规定如下。

(1)承揽合同的内容包括承揽的标的、数量、质量、报酬、承揽方式、材料的提供、履行期限、验收标准和方法等条款。

(2)承揽人提供材料的,承揽人应当按照约定选用材料,并接受定做人检验。

定做人提供材料的,定做人应当按照约定提供材料。承揽人对定做人提供的材料,应当及时检验,发现不符合约定时,应当及时通知定做人更换、补齐或者采取其他补救措施。

承揽人不得擅自更换定做人提供的材料,不得更换不需要修理的零部件。

(3)承揽人发现定做人提供的图纸或者技术要求不合理的,应当及时通知定做人。因定做人怠于答复等原因造成承揽人损失的,应当赔偿损失。

(4)定做人中途变更承揽工作的要求,造成承揽人损失的,应当赔偿损失。

(5)承揽工作需要定做人协助的,定做人有协助的义务。定做人不履行协助义务致使承揽工作不能完成的,承揽人可以催告定做人在合理期限内履行义务,并可以顺延履行期限;定做人逾期不履行的,承揽人可以解除合同。

(6)承揽人交付的工作成果不符合质量要求的,定做人可以要求承揽人承担修理、重作、减少报酬、赔偿损失等违约责任。

(7)定做人应当按照约定的期限支付报酬。对支付报酬的期限没有约定或者约定不明确,依照《合同法》规定仍不能确定的,定做人应当在承揽人交付工作成果时支付;工作成果部分交付的,定做人应当相应支付。

定做人未向承揽人支付报酬或者材料费等价款的,承揽人对完成的工作成果享有留置权,但当事人另有约定的除外。

(8)定做人可以随时解除承揽合同,造成承揽人损失的,应当赔偿损失。

五、任务思考

1. 列举农村常见承揽的种类。

2. 总结农村常见承揽合同容易出现的纠纷。

任务二　熟悉承揽合同纠纷的处理方式

【导入案例】

2014 年 7 月某日，温某因房屋漏水问题请戴某维修，在电话沟通中温某称漏缝为 1 米左右，戴某称补 1 米大概需要材料 2.5 千克多，修补费用按所用材料的数量计算，每斤 38 元人民币，即用了多少材料算多少钱。到达温某的家后，戴某先修补了温某电话中提到的漏缝，后温某又要求戴某将以前请人修补过的漏缝重新修补一遍，但未对细节问题进行协商。在凿完原先修补时填充的水泥后，戴某未告知温某大概的材料用量及费用即进行了填充。后温某才知使用了材料 20 千克，费用核算达 1 700 元，温某称费用远远超出了自己的预期，戴某未进行必要的告知，因此拒绝支付全部费用。

本案中，当事人双方主要的矛盾在于维修费用的数额。温某主张戴某未进行必要地告知即进行了修补，侵犯了其知情权，使维修费用远超自己的预期，因此不能全额进行支付。戴某主张自己已经进行了必要的告知，其先前即告诉了温某费用按材料使用数量计算，每斤 38 元人民币，不存在未告知的情况。

思考：本案纠纷可以通过哪些方式解决？

一、学习准备

（一）知识准备

承揽合同发生纠纷时，当事人双方应协商解决；协商不成时任何一方可向合同管理机关申请调解、仲裁，也可以直接向人民法院起诉。承揽合同纠纷的解决方式共有四种，即协商、调解、仲裁和诉讼。

1. 协商

协商即承揽合同的双方当事人，在合同纠纷发生后，在自愿互谅的基础上，就已经发生的争议进行协商并达成协议，自行解决争议的一种方式。双方协商的基础是国家一系列有关法律、法规；其前提是双方的平等、自愿。在此条件下，双方本着实事求是、互相谅解的态度，达到求大同存小异，使分歧顺利得到解决。协商能够节省大量的费用和时间，从而使当事人之间的争议得以较为经济和及时地解决。

2. 调解

调解即承揽合同的双方当事人，在合同纠纷发生后可以向合同管理机关或者其他机关或个人申请调解。即调解人依法或依合同约定，对双方当事人进行说服教育，居中调停，使其在互相谅解、互相让步的基础上解决其纠纷的一种途径。

3. 仲裁

仲裁是指发生争议的当事人(申请人与被申请人)，根据其达成的仲裁协议，自愿将该争议提交中立的第三者(仲裁机构)进行裁判的争议解决制度。当事人在承揽合同发生纠纷后，可以依据合同中的仲裁条款或事后达成的仲裁协议自愿将争议交给仲裁机构作出裁决，双方对裁决必须执行。

4. 诉讼

诉讼是解决承揽合同争议中使用得较多的纠纷解决方式。它是一种强制管辖，假若承揽合同中没有有效的仲裁条款，也没有另外达成有效的仲裁协议，即使合同中没有约定诉讼，当事人仍有权就该合同争议向人民法院起诉。

(二)资料准备

1. 实地调查农村承揽合同纠纷的解决途径。
2. 利用图书馆或网络，查阅《仲裁法》《民事诉讼法》相关条文。
3. 教师准备的资料单：农村常见承揽合同纠纷解决方式资料。

二、项目设计与项目实施

(一)项目设计

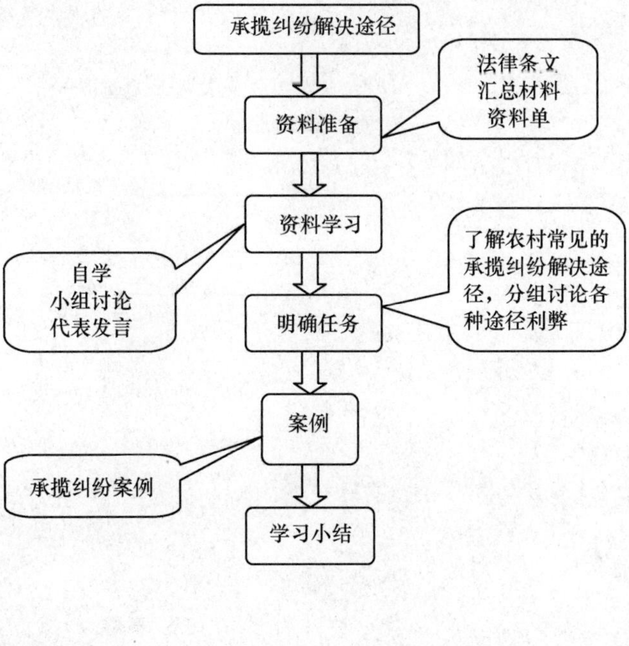

(二)项目实施

1. 安排学员课前通过图书馆、资料室、实地调研、网络等途径查找农村承揽合同纠纷解决途径有关资料。

2. 教师利用导入案例解析,总结农村常见承揽合同纠纷的解决方式。

三、导入案例解析

在导入案例中,温某和戴某之间维修房屋的约定就是承揽合同的一种。当事人发生纠纷后,按照法律相关规定可以采取四种方式解决,即协商、调解、仲裁、诉讼。温某和戴某可以在这四种方式中进行选择。

项目三　订单农业纠纷

【项目目标】

完成本项目的学习后，你应该能：
1. 清楚订单农业的背景及存在的问题；
2. 熟悉订单农业纠纷的处理。

【项目任务描述】

本项目分为清楚订单农业的背景及存在的问题、熟悉订单农业纠纷的处理两个任务。通过本项目的学习与操作，能让学员清楚订单农业的背景及存在的问题、熟悉订单农业纠纷的处理方法。通过学习，增强学员对本项目的学习兴趣，提高学员的动手能力、观察分析能力、沟通协作能力，提升职业素养。

任务一　清楚订单农业的背景及存在的问题

【导入案例】

2013 年 3 月，张某等 10 户瓜农与光明商贸公司签订了一份 3 万千克西瓜购销合同。在合同中，双方对品种、质量、单价、验收标准、交货时间及违约责任都作了明确约定。按照合同约定的计划表，前两次交易，双方都如约履行，但是进入5月份后，西瓜大量上市，西瓜的市场价格骤然下跌，光明商贸公司要求张某等停止供应剩余的5 000千克西瓜。而瓜农认为有合同在，坚决要求按合同价格收购，而光明商贸公司却要求按现行市场价格收购，双方发生纠纷，张某等起诉至人民法院。

思考：该案应如何处理？

一、学习准备

(一)知识准备

1. 订单农业的概念

随着我国市场经济的进一步发展，订单农业亦在全国各地悄然兴起，这对搞活农产品流通、推进农业产业结构调整、增加农民收入，发挥了积极作用。中国的订单农业产生于20世纪80年代中期，政府为了推进农业产业化经营，扶持农业龙头企业与农户签订订单。

所谓订单农业，也称合同农业或契约农业，是指农户在农业生产经营过程中，按照与客户(农产品购买者)签订的合同组织安排生产的一种农业产销模式。订单农业通过合同的形式，把双方的利益关系紧密联结起来，明确各自的权利、义务，依照合同的规定，完成生产经营中产销活动的全过程。其实质就是通过订单的形式把市场需求反映出来，引导农民按照市场需求进行生产，是一种“先找市场后生产”的产销模式。

2. 订单农业存在的问题

(1)政府定位不准确，缺乏相应的制度环境。

在实际工作中，许多地方政府部门把订单作为数字政绩和形象工程，疏于考察订单主体，也没有充分考虑订单实施的可操作性、订单兑现的可能性。在实际中，农民与商家直接签约的订单很少，签得最多的是政府部门，其次是有威望代表农民、有能力组织农民的单位或个人，如村委会、农村经济合作组织、销售大户等。

政策支持的滞后性，缺乏与订单农业相配套的法律、法规和政策。由于订单农业是新生事物，在实际操作过程中存在着许多不完善的地方，这就大大削弱了契约的约束性，加上逐利心理及履行合同的法律意识淡薄，使得一些不守合同的收购方有机可乘，随意把自己应担的风险转嫁给农户。农户也往往“卖跌不卖涨”，而企业却无法与农户逐个打官司。因此，不管是对企业还是农户的违约行为，都缺乏有效约束机制。

(2)违约现象较为普遍。

农业订单是具有法律约束力的文件,签约双方都必须自觉履行。但是,由于多方面原因,目前订单违约现象屡见不鲜,主要形式有两类:一类是购方违约。当订单合同价格远远高于目前市场价时,部分企业为避免亏损,便制造种种借口,拒不履约;另一类是售方违约。当农产品市场价高于订单合同价时,一些农民为了增加收益,便借故毁约。特别是后者较为普遍,一些农民在与企业签订合同后,如市场价低于合同价,就要求企业履约按合同价收购,但如果市场价高于合同价,就私自违约将农产品卖给其他收购者,无形中将市场的风险全部转移到企业身上,对此,一些涉农企业苦不堪言,丧失了发展订单农业的积极性。

(3)农民的组织化程度低。

由于市场信息的不对称性,导致在以家庭小规模生产为主体的经济条件下,农民无法迅速得到准确的产品信息。即便得到了信息,由于其受文化知识水平的影响,判断、处理信息的能力相对较弱,增大了生产经营风险。从一定意义上说,订单形式是龙头企业充分利用自身掌握的市场信息来控制农户资金和劳动力,以实现企业效益最大化的一种方式。农户与企业的信息不对称,一旦企业在判断和处理信息中出差错而采取违约或毁约的行为来减少损失时,对农户而言无疑是巨大的损失。

(4)订单不规范产生消极影响。

不少的订单合同内容不详细,程序不完善,运作不规范,特别是对农产品的品种、规格、数量、质量和各自应承担的风险、责任以及权利含糊不清,签约内容缺乏可行性、科学性、规范性、合法性,从而为履行订单埋下了一系列隐患。

(二)资料准备

1. 收集订单农业合同,思考现实中订单农业优点、缺点。

2. 利用图书馆或网络,查阅《合同法》相关条文。

3. 教师准备的资料单:订单农业的前沿知识。

二、项目设计与项目实施

(一)项目设计

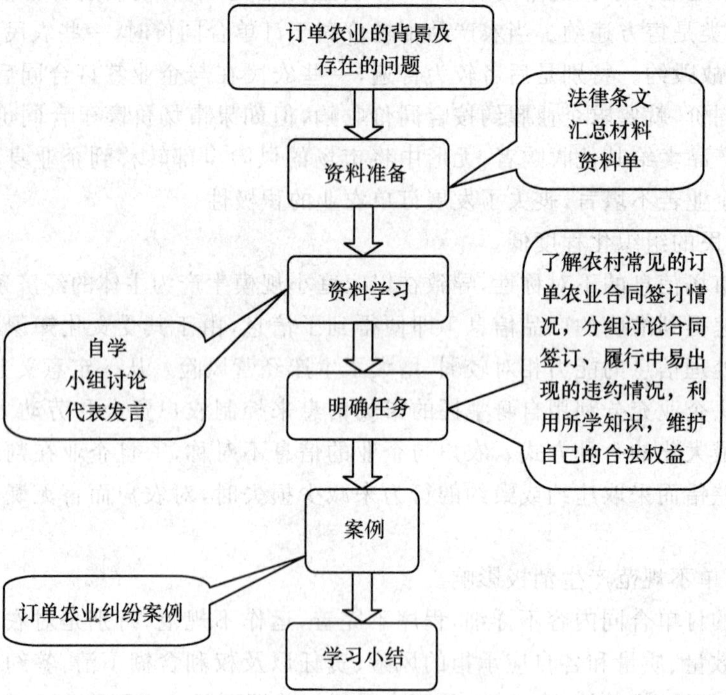

(二)项目实施

1. 安排学员课前通过图书馆、资料室、实地调研、网络等途径查找订单农业相关资料。

2. 教师利用导入案例解析,引导学员在订单农业中如何规避风险。

3. 结合自己的生产实践,以小组为单位讨论订单农业现存的主要问题。

4. 教师评价学员的学习情况,分析订单农业的发展方向。

三、导入案例解析

在导入案例中,在有合同约定的前提下,光明商贸公司因为西瓜价格下跌的原因而拒绝收购西瓜的做法与《合同法》的基本原则是相违背的。农民张某等可以向人民法院起诉,要求光明商贸公司履行合同约定,收购西瓜,并按约支付价款。

任务二　熟悉订单农业纠纷的处理

【导入案例】

2013年3月,某市所辖三镇九村的大部分洋葱种植户与收购商签订了青苗期洋葱的订购合同。合同约定收购商以每亩3 000～3 500元不等的价格收购农民正在生长期的洋葱苗,洋葱成熟后,洋葱的所有权、采收权都归收购商所有。为了履行合同,一些收购商事先预付了收购款。

8月,洋葱价格飞涨,一亩洋葱最高能卖到7 000元。签订了合同的农户觉得吃亏,便开始毁约,要求收购商加价,不少农户把已经签订了合同的洋葱又转卖他人。洋葱收购商认为,自己已经在合同签订后付给农民收购款,所以农户应该履行合同。协商无果,面临巨大经济损失的洋葱收购商欲哭无泪。

思考:收购商该如何维权?

一、学习准备

(一)知识准备

订单农业合同实质上是买卖合同。订单农业合同签订之后,在履行过程中,由于各种因素的影响容易产生纠纷。《合同法》第一百二十八条规定,当事人可以通过和解或者调解方式解决合同争议。当事人不愿和解、调解或者和解、调解不成的,可以根据仲裁协议向仲裁机构申请仲裁,当事人没有订立仲裁协议或者仲裁协议无效的,可以向人民法院起诉。当事人应当履行发生法律效力的判决、仲裁裁决、调解书;拒不履行的,对方可以请求人民法院强制执行。据此可以得知,解决订单农业合同纠纷主要有以下四种方式。

1. 协商

用协商的方式,自行解决,这是最好的方式。发生订单农业合同纠纷的双方当事人在自行协商解决纠纷的过程中,应当注意以下问题:第一,分清责任是非。协商解决纠纷的基础是分清责任是非,当事人双方不能一味地推卸责任,否则,不利于纠纷的解决。第二,态度端正,坚持原则。在协商过程中,双方当事人既互相谅解,以诚相待、勇于承担各自的责任,又不能一味地迁就对方,进行无原则的和解。对于违约责任的处理,只要合同中约定的违约责任条款是合法的,就应当追究违约责任,过错方应主动承担违约责任,受害方也应当积极向过错方追究违约责任。第三，及时解决。如果当事人双方在协商过程中出现僵局，争议迟迟得不到解决时，就不应该继续坚持协商解决的办法，否则会使合同纠纷进一步扩大，特别是一方当事人有故意的不法侵害行为时，更应当及时采取其他方法解决。

2. 调解

订单农业合同纠纷的调解是指双方当事人自愿在第三人（包括工商行政管理部门和业务主管部门）的主持下，在查明事实、分清是非的基础上，由第三人对纠纷双方当事人进行说明劝导，促使他们互谅互让，达成和解协议，从而解决纠纷的活动。调解有以下三个特征：第一，调解是在第三方的主持下进行的，这与双方自行和解有着明显的不同；第二，主持调解的第三方在调解中只是说服劝导双方当事人互相谅解，达成调解协议，而不是作出裁决，这表明调解和仲裁不同；第三，调解是依据事实和法律、政策，进行合法调解，而不是不分是非，不顾法律与政策地“和稀泥”。

3. 仲裁

仲裁也称公断。合同仲裁，即由第三者依据双方当事人在合同中订立的仲裁条款或自愿达成的仲裁协议，按照法律规定对合同争议事项进行居中裁断，以解决合同纠纷的一种方式。

4. 诉讼

诉讼即向人民法院提起诉讼以寻求纠纷的解决。诉讼是解决订单农业合同纠纷的最终形式。订单农业合同纠纷诉讼是指人民法院根据合同当事人的请求，在所有诉讼参与人的参加下，审理和解决订单农业合同争议的活动，以及由此而产生的一系列法律关系的总和。它是民事诉讼的重要组成部分，是解决订单农业合同纠纷的一种重要方式。与其他解决订单农业合同纠纷的方式相比，诉讼是最有效的一种方式。之所以如此，首先是因为诉讼由国家审判机关依法进行审理裁判，最具有权威化性；其次，裁判发生法律效力后，以国家强制力保证裁判的执行。

(二)资料准备

1. 利用图书馆或网络，查阅《合同法》相关条文。
2. 教师准备的资料单：订单农业纠纷解决途径案例，分析其利弊。

二、项目设计与项目实施

(一)项目设计

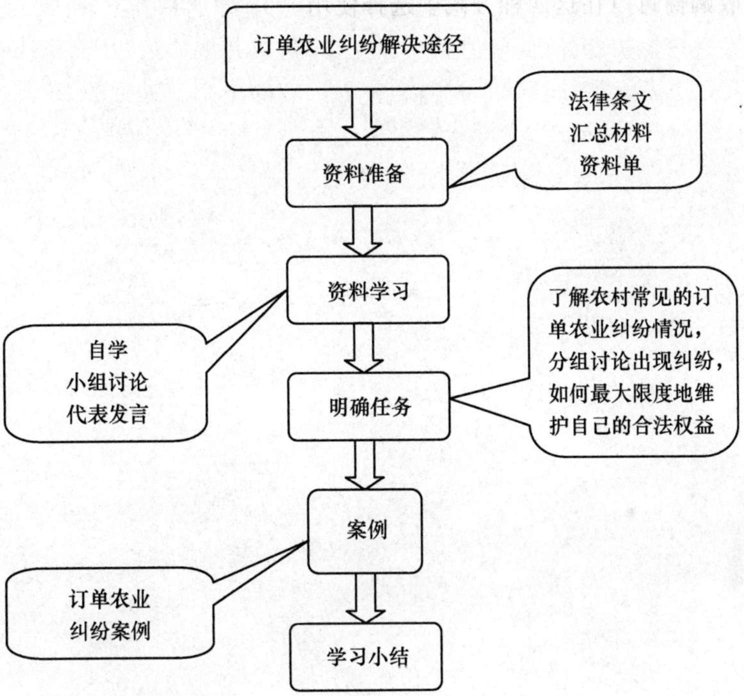

(二)项目实施

1. 安排学生预习《合同法》相关条款。

2. 以小组为单位讨论如何利用所学知识，采取最佳方式，维护自己的合法权益。

3. 教师评价各小组的学习情况。

三、导入案例解析

在导入案例中，洋葱种植户和收购商之间订立的洋葱订购合同就是订单农业合同。但是在合同履行过程中，出现了种植户违约的情况，双方由此发生纠纷。根据《合同法》的规定，当事人可以通过和解或者调解解决合同争议。当事人不愿和解、调解或者和解、调解不成的，可以根据仲裁协议向仲裁机构申请仲裁，当事人没有订立仲裁协议或者仲裁协议无效的，可以向人民法院起诉。当事人应当履行发生法律效力的判决、仲裁裁决、调解书；拒不履行的，对方可以请求人民法院执行。据此可以得知，解决本案订单农业合同纠纷主要有协商、调解、仲裁、诉讼四种方式。洋葱收购商可以在这四种方式中选择使用。

附录　项目评价反馈

(一)自我评价

1. 为了完成学习任务,你都作了哪些准备?

(1)查找了哪些资料?

(2)你有哪些设想?

2. 运用所学的知识和技能,分析你所遇到实际问题。

3. 通过自学、讨论和调研,你有什么收获?

(二)小组评价

从学习态度、学习方法、团队合作和学习能力的提升等方面评价。

序号	评价项目	评价情况
1	与其他同学口头交流学习内容是否流畅	
2	是否尊重他人,是否达到全勤	
3	学习态度是否积极主动	
4	是否服从教师的教学安排	
5	着装、仪表是否符合要求	
6	能否理解订单农业的现存问题	
7	是否能保持学习环境的干净整洁	
8	是否遵守学习场所的规章制度	
9	团队学习中主动与合作的情况如何	
10	能否主动参与教学场所的清洁和整理工作	

参与评价同学签名:________________

(三)综合评价

1. 教师评价

(1)对整个学习内容的小结归纳。

(2)对学习过程的总体评价。

教师签名：____________________________

2. 学生评价

(1)对教师授课效果的评价

(2)对学习效果的评价

学生签名：____________________________

参考文献

[1]彭宇文,崔明霞．经济法[M]．长沙:湖南大学出版社,2013.

[2]安广法,韩涌波．经济法基础知识[M]．北京:科学出版社,2011.

[3]韩赤风,冷罗生,孙宁．中外商标法经典案例[M]．北京:知识产权出版社,2010.

[4]韩赤风,冷罗生,田琳．中外专利法经典案例[M]．北京:知识产权出版社,2010.

[5]赵凌云,刘珊．农村经济法律以案释法[M]．北京:中国财政经济出版社,2013.

[6]赵凌云．农村常见法律纠纷案例评析[M]．北京:中国财政经济出版社,2011.

[7]储洁印,李思川．农村常见法律纠纷[M]．北京:中国经济出版社,2013.

[8]河山．消费者权益保护法[M]．北京:法律出版社,2014.

[9]中国法制出版社．土地承包法律纠纷处理一本通[M]．北京:中国法制出版社,2013.

[10]财政部会计资格评价中心．经济法[M]．北京:中国财政经济出版社,2014.

[11]张德实．经济法实务．北京:高等教育出版社[M],2008.

[12]杨紫烜,徐杰．经济法学[M]．北京:北京大学出版社,2012.

[13]王春平,赵慧峰．经济法原理与农业法[M]．北京:中国农业大学出版社,2006.

[14]陈婉玲．经济法概论[M]．北京:中国检察出版社,2010.